大同

中华文化的社会理想

总主编 翟 博
分册主编 于建福

中国大百科全书出版社

图书在版编目（CIP）数据

中华优秀传统文化教育读本. 大同／翟博主编；于建福分册主编.
—北京：中国大百科全书出版社，2020.6

ISBN 978-7-5202-0729-4

Ⅰ. ①中… Ⅱ. ①翟…②于… Ⅲ. ①中华文化—青少年读物
Ⅳ. ① K203-49

中国版本图书馆 CIP 数据核字（2020）第 057036 号

出 版 人	刘国辉
策 划 人	曾 辉
责任编辑	张晓娜
封面设计	许 烈
责任印制	常晓迪
出版发行	中国大百科全书出版社
地 址	北京市阜成门北大街 17 号　　　邮政编码　100037
电 话	010-88390636
网 址	http://www.ecph.com.cn
印 刷	保定市中画美凯印刷有限公司
开 本	880 毫米 ×1230 毫米　　1/32
印 张	6.75
字 数	144 千字
印 次	2020 年 6 月第 1 版　2020 年 6 月第 1 次印刷
书 号	ISBN 978-7-5202-0729-4
定 价	39.00 元

本书如有印装质量问题，可与出版社联系调换。

《中华优秀传统文化教育读本》
编写委员会

学 术 顾 问：张岂之　楼宇烈

审 读 专 家：郭齐家　庞士让　栾贵川

主　　　任：翟　博

委　　　员：于建福　王　杰　王永智　方　兢

　　　　　　任大援　孙明君　党怀兴　高　伟

　　　　　　程方平　韩　星　雷　原　戴木才

总　主　编：翟　博

分 册 主 编：韩　星　高　伟　党怀兴　雷　原

　　　　　　王永智　于建福

‖ 序一 >>>

张岂之

　　《中华优秀传统文化教育读本》丛书经过几位作者的不懈努力，终于和读者见面了。这是一件值得祝贺的事。

　　深入学习、宣传、普及中华优秀传统文化，已经成为全社会的共识，我们现在要做的一项重要工作，就是要在具体落实上多下功夫。2017年1月，中共中央办公厅、国务院办公厅印发《关于实施中华优秀传统文化传承发展工程的意见》（以下简称《意见》），要求着重研究和宣传中华优秀传统文化的核心思想观念，宣传中华传统美德，发扬中华人文精神。《意见》提出："把中华优秀传统文化全方位融入思想道德教育、文化知识教育、艺术体育教育、社会实践教育各个环节。"这套丛书的出版，可以看作是落实中央精神的具体体现。

在目前众多的中华优秀传统文化普及性图书中，这套丛书有两个鲜明特色：

其一，对中华优秀传统文化的概括论述比较全面。中华文明有五千年的历史传统，对于青少年和初学者而言，首先要把握精华，然后再逐步深入。这套丛书，按照习近平总书记提出的"讲仁爱、重民本、守诚信、崇正义、尚和合、求大同"展开论述，精准全面，把儒家的核心精神概括进去了，具有一定的系统性。

其二，这套丛书在编排设计上，将理论阐发、经典介绍、历史故事综合编排，这样既符合青少年的学习认知规律，也避免枯燥生硬，具有可读性。

这套丛书的出版，开了一个好头，我相信一定会有较好的社会效益。在这里，我也想借此机会对年轻的读者朋友提两点参考意见。

首先，中国的传统文化博大精深，对于青年人而言，有必要循序渐进，以便逐步全面把握、深入理解。以先秦诸子为例，除儒家外，还有阴阳家、墨家、名家、法家、道家、兵家、杂家、纵横家、农家、小说家等，号称百家之学，其中蕴藏着丰富的内容，有待于今人"取其精华、去其糟粕"。现代文学家朱自清先生，为青年人写的《经典常谈》，就包括诸子百家的哲学，《左传》《国语》《史记》《汉书》的史学，辞赋诗文的文学。可喜的是，这些内容，在这套丛书中可以略见一二。

其次，在学习方法上，提倡学思结合，知行结合。《中庸》说："博学之，审问之，慎思之，明辨之，笃行之。"把学问思辨行，融贯为一个整体，把学得的知识，落实到个人素质的培养锻炼中，落实到认识和改造社会的实践中。这样有助于把对中华优秀传统文化的学习成果奉献给社会，从而更好地实现其现代价值和意义。

我与这套丛书的主编翟博先生相识多年，他青年时代在西安求学，研究生毕业后一直从事教育工作，现在担任中国教育报刊社的领导。多年来他在推动中华优秀传统文化的普及宣传方面，做了很多具体切实的工作。他邀我为这套丛书写几句话，我乐于撰稿。希望这套丛书能得到读者朋友们的欢迎，并期盼大家多提宝贵意见，以便大力促进中华优秀传统文化在当今社会的普及和提高。

序二 >>>

楼宇烈

习近平总书记将中国传统文化的精神用"仁爱、民本、诚信、正义、和合与大同"进行总结，不仅具有高度的概括性，同时也具有极强的时代性与人类普世性。

从今天人类面临的生态危机、道德危机、不可持续危机以及人类异化危机等来看，西方商业文化不具有普世价值，而中国传统农耕文化中的"仁爱、民本、诚信、正义、和合、大同"等价值观使人类与自然及人类自身产生了和谐，反而使人类具有了和谐与可持续的未来。

也因此说中国传统文化具有天下性、道德性、社会主义性。天下性，在于思考问题的全局性。它不局限于从自身、自家思考问题，也不局限于从企业方面思考问题，甚或不局限于从国家方面思考问题，而是从人类、世界、众生、宇宙之广度思考问题，总之从宇宙至健之无比广大的秩序思考问题。现在西方文化主流思想是围绕资本利益的，至多在于为资本利益集团之联合体服务，至于占绝大多数的工人阶级以及广大民众的利益则只是敷衍，其工具性很强，这与中国故有之"仁爱、民本"思想格格不入。

道德性，在于将道德贯穿于文化的各类形式之中。政治之道德性表现为政治伦理化；法律之道德性在于法律要与正义相吻合；经济之道德性在黜奢崇俭、贵义贱利，还有不伤害三农；教育之道德性在于培养以德为主的德智体美劳兼备之才；军事之道德性在于出师有名，以防御为主，不首先侵略他国；等等。

社会主义性，在于"民本""仁爱""大同"；在于"以人民为中心"；在于"不患寡而患不均"；在于"耕者有其田"；在于以家庭为单位按照人口多寡分配的土地分配制度，虽此制度性质为私有制，但分配是平均的，是为民制"恒产"；同时，在家庭内部财产是共有的，这种共有制应该说具有社会主义性，将此家庭共有推扩至朝廷，则为天下为公。

古代政权在形式上表现为天下一姓，其实呢？能继位者只有一人，大多数人皆变为平民。与此同时，任贤为要，绝不以与皇室之近为由而被任为宰相、尚书等。而宰相与六部尚书等，常常来于乡野之家，尤其科举制推行以来，"朝为田舍郎、暮登天子堂"已不是什么新鲜事。

仁爱，是孔子讲的，其要义在人与人相感，你敬我一尺，我敬你一丈；你把我视同兄弟，我同样把你当作兄弟；君以礼待臣，臣子相应以忠侍奉君。当然以直报怨，也是相感之意。以孔子的教导，"己所不欲勿施于人"是实现仁爱的根本方法，其通在人心。对具体做法而言则是以慈孝始，父慈子孝，父慈为当然之事，子孝也接近当然之事，但较之父慈为难，所以孝成为实现仁爱的基本途径。有孝心，推及兄弟姐妹则为悌，推及夫妻则为义，推及朋友则为信，推及君臣则为忠，于是乎五伦成为实现仁爱的基本方法。天下在五伦的相互感动下而为一家，建立在五伦基础上的制度，自然就是礼制。

民本，就是以百姓的利益为根本，因民之所利而利之，天视自我民视，天听自我民听。用习近平总书记的话说，就是"以人民为中心"。实现民本的途径，在于仁政与王道，具体言之：制民恒产，薄赋敛轻税收，量入为出，打击豪强势力，盐铁专卖，节制私人资本，选贤与能，讲信修睦，使老有所安，壮有所用，少有所怀，女有所归，鳏寡孤独废疾者皆有所养。民本也是实现社会主义理想的根本价值理念。

当然，民本也要求民德的提升，要求勤俭以得之，而非投机取巧以得，更不能依靠赌博贩毒取得财富，也不能靠污染环境发财，等等。今日财富若与道德分离，只讲GDP，不讲取之以义，那么会严重违背民本之价值。

诚信，是以至诚之心，不食言，言行一致，不口是心非，以最大努力践行人生之信条。它也包含西方之契约精神，但不尽相同。西方之契约在于形式上不违约，即使此契约是不合乎道德的、不公平的，甚至是武力强迫的，也应无条件地遵守，如西方列强曾经强加于我国的各类不平等条约，中华人民共和国成立之日即予以废除，此对人民之诚信也，对资本列强之违约也。

因此，诚信具有道德之内核，不仅仅在于"言必行、行必果"，唯"义之所在，则言必行、行必果"。

正义，从文字上考研其中的"正"，其乃会意字，表示前往某地，有远行之义。现在引申义为平正，不偏不斜；还有正心、正直、正确、恰当、公正、纠正等义。

"义"，繁体字为"義"。篆字与繁体字很相似，也属会意字，从羊（祭牲），从我（兵器），表示用兵器宰羊作祭品。義简化为义，原始义是指礼仪，后又改为礼义。所以"义"者，礼也。

若将"正""义"合起来就是以不偏不斜的步伐坚定地沿着礼义之路前进。

在经史子集中，最早用"正义"一词的，大概是荀子。《荀子·正名》说："正利而为谓之事，正义而为谓之行。"意思是说为功利去做叫事业，为道义去做叫德行。从这句话看"正义"的意思就是为道义而行，也就是以道义为奋斗的目标。在《荀子·儒效》中还有："不学问，无正义，以富利为隆，是俗人者也。"这里的"正义"是道德的意思，或者指以道德为行为标准之义。

正义确实有恰当行为的意思，或者有恰当的道德要求、有礼义的意思，所以对于道德要实事求是，以大众之普遍性为原则，不可陈义太高，陈义太高则弄虚作假，形同虚设，不但不能教化人，反而犯造假之错误。释家教化人以因果报应为律，告诫世人行善有好报，此以利导善也！儒家也有"积善之家必有余庆，积不善之家必有余殃"。亦义利合一也。都是将行善之获善报、行恶之获恶报作为教化人的信条，陈义并不高，但较之但言义不言利效果显然要更大一些。

和合，是一种兼容兼顾，打成一片，从整体看待事物的思维。诸如"天人合一""心物一体""体用一如"等，都是和合思想的体现。其大无外，其小无内，天人相合相感，天即人，人即天；心外无物，物不离心；体用不二，体用不离，物物一太极，事事无碍。西方思想则注重分析，将心与物分离，对心之研究为宗教，对物之认识则为自然科学。而中国则上薄拜神教，下防拜物教，表现为极强的人文主义。体用相分，将道德与制度，义与利相分离，在西方看来，所谓法律、经济、政治等皆为理性工具，无情无义无心，法律即规则，是丛林背景下的博弈形成的。只有力量之大小，只在你死我活之争斗，人与人之间，人与自然之间，根本不存有相互依赖、同舟共济的关系。而和合观，则首先强调人与人之间应是和谐的关系，其斗争性是在和谐性、统一性之下。因此，人类的斗争武器，其杀伤力不应超出人类的承受力，今日之核武器竞赛，已远远超出人类的承受力，一旦核战争爆发，人类必然走向毁灭。和合价值之推扩就是在人类要实现大同的理想，人类像一家人一样，相互敬爱，以礼相待，老吾老以及人之老，幼吾幼以及人之幼，老者安之，少者怀之，朋友信之，四海之内皆兄弟也。正如习近平总书记所讲，人类是一个命运共同体。

因此可以说，习近平总书记讲的"讲仁爱、重民本、守诚信、崇正义、尚和合、求大同"，不仅是中华传统文化的核心思想，也是人类的核心价值观，具有普世意义。现将其中的十二字，分别由六位教授编写成六本书，即《仁爱》《民本》《诚信》《正义》《和合》《大同》，不仅对于传播中华传统优秀文化，复兴中华文明有重大的历史意义，而且对于构建一个命运共同体的世界，也极具现实意义。我衷心地希望这六本书在翟博同志的领衔下，能尽快出版，并对社会人心道德发挥巨大的影响。

▌导言 >>>

翟 博

　　中华优秀传统文化博大精深，凝聚着中华民族自强不息的精神追求和历久弥新的精神财富。党的十八大以来，以习近平同志为核心的党中央高度重视中华优秀传统文化的历史传承和创新发展，从中华民族最深沉的精神追求和最根本的精神基因、独特的精神标识和中华民族精神"根"与"魂"、最宝贵的精神品格和命脉的高度，定位优秀传统文化；从中华民族最基本的文化基因、最深厚的软实力与坚定文化自信的根基和突出优势的高度，继承优秀传统文化；从涵养社会主义核心价值观的重要源泉、实现"两个一百年"奋斗目标和中华民族伟大复兴中国梦的重要精神支撑的高度，弘扬优秀传统文化；从推动中华民族现代化进程的长远战略高度，创新发展优秀传统文化，推进中华优秀传统文化的创造性转化、创新性发展，赋予中华优秀传统文化崭新的时代内涵。习近平总书记在党的十九大报告中指出："文化自信是一个国家、一个民族发展中更基本、更深沉、更持久的力量。""推动中华优秀传统文化创造性转化、创新性发展，继承革命文化，发展社会主义先进文化，不忘本来、吸收外来、面向未来，更好构筑中国精神、中国价值、中国力量，为人民提供精神指引。"[①]党的十九大报告深刻分析了国际国内形势发展新变化，站在新的历史起点，宣示了中国特色社会主义进入新时代，明确了中国特色社会主义的历史方位，形成了习近平新时代中国特色社会主义思想，开启了全面建设社会主义现代化强国的新征程。它指明了党和国家事业前进方向，是我们深入学习习近平新时代中国特色社会主义思想、加强中华优秀传统文化教育的思想指引和行动指南。

习近平总书记关于中华优秀传统文化的一系列重要论述，是习近平新时代中国特色社会主义思想的重要组成部分。加强中华优秀传统文化教育，既是当务之急，也是百年大计、千年大计；既功在当代，也会泽及后世子孙、增进人类福祉。深入学习贯彻习近平总书记关于弘扬中华优秀传统文化重要思想，深刻领会其重要意义、思想内涵和精神实质，对于我们落实立德树人的根本任务，引导青少年增强民族文化自信和价值观自信，坚持道路自信、理论自信、制度自信、文化自信，培育和践行社会主义核心价值观，实现中华民族伟大复兴的中国梦，都具有长远的战略意义和重要

---

① 习近平：《决胜全面建成小康社会夺取新时代中国特色社会主义伟大胜利——在中国共产党第十九次全国代表大会上的报告》，《人民日报》2017年10月28日。

的时代价值。

加强中华优秀传统文化教育的重大意义

文化是一种精神、一种信念、一种力量，是民族的血脉。中华优秀传统文化，是中华民族的"根"和"魂"，是中华民族精神的标识，是当代中国核心价值观的思想渊源，也是全人类弥足珍贵的精神瑰宝。习近平总书记指出："中国传统文化博大精深，学习和掌握其中的各种思想精华，对树立正确的世界观、人生观、价值观很有益处。"①习近平总书记在会见第四届全国道德模范及提名奖获得者时强调，中华文明源远流长，孕育了中华民族的宝贵精神品格，培育了中国人民的崇高价值追求。自强不息、厚德载物的思想，支撑着中华民族生生不息、薪火相传，今天依然是我们推进改革开放和社会主义现代化建设的强大精神力量。习近平总书记的精辟论述阐明了加强中华优秀传统文化教育重大的现实意义和长远的战略意义。

第一，中华优秀传统文化是中华民族安身立命的基础、永续繁衍的血脉、绵延不绝的"根"与"魂"。 中华民族在5000多年连绵不断的文明发展进程中创造了博大精深的优秀文化。习近平总书记在纪念孔子诞辰2565周年国际学术研讨会暨国际儒学联合会第五届会员大会开幕会上的讲话中指出："优秀传统文化是一个国家、一

---

① 习近平：《在中央党校建校80周年庆祝大会暨2013年春季学期开学典礼上的讲话》，《人民日报》2013年3月3日。

个民族传承和发展的根本，如果丢掉了，就割断了精神命脉。"[1]中华优秀传统文化"体现着中华民族世世代代在生产生活中形成和传承的世界观、人生观、价值观、审美观等，其中最核心的内容已经成为中华民族最基本的文化基因"。加强中华优秀传统文化教育，关系中华民族的"根"之所系与"魂"之所牵。

第二，中华优秀传统文化是中华民族文明史的记录、民族精神的追求和标识。习近平总书记在会见第七届世界华侨华人社团联谊大会代表时指出："中华文明有着5000多年的悠久历史，是中华民族自强不息、发展壮大的强大精神力量。"[2]习近平总书记还指出："中华文化源远流长，积淀着中华民族最深层的精神追求，代表着中华民族独特的精神标识，为中华民族生生不息、发展壮大提供了丰厚滋养。"[3]加强中华优秀传统文化教育，关系中华民族的生存与发展。

第三，中华优秀传统文化是中华民族共同培育的民族精神的重要源泉。习近平总书记在第十二届全国人民代表大会第一次会议上的讲话中指出："中华民族具有5000多年连绵不断的文明历史，创造了博大精深的中华文化，为人类文明进步作出了不可磨灭的贡献。经过几千年的沧桑岁月，把我国56个民族、13亿多人紧紧凝聚

---

[1] 习近平：《在纪念孔子诞辰2565周年国际学术研讨会暨国际儒学联合会第五届会员大会开幕会上的讲话》，《人民日报》2014年9月25日。

[2] 习近平：《在会见第七届世界华侨华人社团联谊大会代表时的讲话》，《人民日报》2014年6月7日。

[3] 习近平：《在中共中央政治局第十三次集体学习时的讲话》，《人民日报》2014年2月26日。

在一起的，是我们共同经历的非凡奋斗，是我们共同创造的美好家园，是我们共同培育的民族精神，而贯穿其中的、更重要的是我们共同坚守的理想信念。"①加强中华优秀传统文化教育，关系中华民族共同坚守的理想信念。

第四，中华优秀传统文化是中华民族和中华儿女文化自信的重要根基。中华优秀传统文化是我们最深厚的文化软实力，是我们文化发展的母体，积淀着中华民族最深沉的精神追求。文化自信是一个民族、一个国家和一个政党对自身文化价值的充分肯定和积极践行，并对其文化生命力持有的坚定信心。习近平总书记提出："我们说要坚定中国特色社会主义道路自信、理论自信、制度自信，说到底是要坚定文化自信。文化自信是更基本、更深沉、更持久的力量。"②这既昭示了文化自信具有的更加突出位置，也指明了加强中华优秀传统文化教育的紧迫性和重要性。

第五，中华优秀传统文化是当代中国实现国家现代化的重要保证。任何国家的现代化都是以其文化传统和价值观作为指导的。现代化中最重要的是人的现代化。我们高兴地看到，为响应习近平总书记的号召，落实社会主义核心价值观和加强中华优秀传统文化教育，由教育部统一组织编写的义务教育道德与法治、语文、历史三科教材，已在全国中小学起始年级投入使用。可以预期，在广大青

①　习近平：《在第十二届全国人民代表大会第一次会议闭幕会上的讲话》，《人民日报》2013年3月18日。

②　习近平：《在哲学社会科学工作座谈会上的讲话》，《人民日报》2016年5月19日。

少年中加强中华优秀传统文化教育，对于当前和未来推动我国社会主义现代化事业必将产生明显而深远的影响。

第六，中华优秀传统文化是构建人类命运共同体的重要助力。党的十八大以来，习近平总书记多次论述过"人类命运共同体"的问题，并明确提出了"构建人类命运共同体，实现共赢共享"的中国方案。质言之，中华优秀传统文化中"天人合一"的哲学思想、"和而不同"的文化理念与"协和万邦""万国咸宁""天下为公""天下大同"的政治愿景，都与通过发展合作、实现共赢共享为核心的新型国际关系来构建人类命运共同体，有着密切的内在联系。

综上所述，加强中华优秀传统文化教育，是建设中华优秀传统文化传承体系、推动文化传承创新的重要途径。当今世界，文化在综合国力竞争中的地位和作用更为凸显，越来越成为民族凝聚力和创造力的重要源泉。当前，世界多极化、经济全球化深入发展，国内经济社会转轨转型，深刻变革，现代传播技术迅猛发展，世界范围内各种思想文化的交流、交融、交锋更加频繁，社会思想观念日益活跃。习近平总书记指出："中华优秀传统文化是中华民族的精神命脉，是涵养社会主义核心价值观的重要源泉，也是我们在世界文化激荡中站稳脚跟的坚实根基。"[1]加强中华优秀传统文化教育，是建设社会主义文化强国的重大战略任务，对于更好地传承中华文脉、全面提升人民文化素养、维护国家文化安全、增强国家文化软

---

[1] 习近平：《在文艺工作座谈会上的讲话》，《人民日报》2015年10月15日。

实力，持续推进国家治理体系和治理能力现代化都具有重要意义；对于促进世界和平、友好、发展，减少和化解生态危机、不同文明之间和国与国之间等的矛盾冲突，也都有越来越大的隐性和显性的国际意义。

中华优秀传统文化的核心思想理念

中华优秀传统文化是中华民族语言习惯、文化传统、思想观念、情感认同的集中体现，凝聚着中华民族普遍认同和广泛接受的道德规范、思想品格和价值取向，具有极为丰富的思想内涵。习近平总书记在中共中央政治局第十三次集体学习时指出，深入挖掘和阐发中华优秀传统文化讲仁爱、重民本、守诚信、崇正义、尚和合、求大同的时代价值，使中华优秀传统文化成为涵养社会主义核心价值观的重要源泉。[①]

"讲仁爱、重民本、守诚信、崇正义、尚和合、求大同"，是中华优秀传统文化中思想道德、政治理念、价值追求、人格修养、独特品质、社会理想的精华，是中华传统美德和民族精神的高度概括，集中体现了中华民族的传统核心价值观。加强中华优秀传统文化教育，必须围绕这一核心思想理念，逐步展开，不断深化，与时俱进。

仁爱：中华文化的核心力量。思想道德建设是中华优秀传统

---

① 习近平：《在中共中央政治局第十三次集体学习时的讲话》，《人民日报》2014年2月26日。

文化的核心力量。中国人崇奉以儒家"仁爱"思想为核心的道德规范体系，讲求和谐有序，倡导仁义礼智信，追求"修身、齐家、治国、平天下"全面的道德修养和人生境界，崇尚"己所不欲，勿施于人""己欲立而立人，己欲达而达人"的"仁爱"原则。加强中华优秀传统文化教育，就是要在全社会，特别是在广大青少年中开展以仁爱共济、立己达人为重点的社会关爱教育。

民本：中华文化的价值追求。民本是中国古代政治思想的基本理念。孟子曰："民为贵，社稷次之，君为轻。"仁民爱物的仁爱精神、以民为本的人文精神、深厚绵长的家国情怀等，集中体现了中华优秀传统文化的人民性，反映了广大人民群众的基本价值追求。

诚信：中华文化的做人准则。诚信既是个人的立身之本，也是一个民族、一个国家的生存之基。"言必信，行必果"是中国人待人处事的人生哲理。加强中华优秀传统文化教育，就是要开展以诚实守信、正心笃志、崇德弘毅为重点的人格修养教育。

正义：中华文化的道德原则。正义是人立身处世的根本，体现了社会的整体利益与个人的人格尊严。公平正义历来是人类孜孜以求的社会理想，中华民族是崇尚公平与道义的民族。

和合：中华文化的独特品质。爱国主义的民族深情、团结统一的价值取向、贵和尚中的思维模式、厚德载物的博大胸怀等，是中华民族精神的基本内容，彰显了中华优秀传统文化的特质。

大同：中华文化的社会理想。"大同"是古人最高的社会政治理想，激励了一代代仁人志士为其矢志不渝，奋斗不息，"大同"

理想是中国梦的文化根基。习近平总书记指出："实现中华民族伟大复兴的中国梦，就是要实现国家富强、民族振兴、人民幸福，既深深体现了今天中国人的理想，也深深反映了我们先人们不懈奋斗追求进步的光荣传统。"①

因此，加强对中华优秀传统文化的挖掘与阐发，把超越时空、跨越国度、富有永恒魅力、具有当代价值的独特文化精神发扬光大，努力实现对中华优秀传统文化的创造性转化、创新性发展，是历史和时代赋予我们的神圣职责和重大任务，也是实现伟大的中国梦的必然要求和现实需要。

中华优秀传统文化的基本功能、思想精华和时代价值

中华优秀传统文化有其独特的价值观和价值体系。习近平总书记在北京大学师生座谈会上的讲话中指出："中华优秀传统文化已经成为中华民族的基因，植根在中国人内心，潜移默化影响着中国人的思想方式和行为方式。今天，我们提倡和弘扬社会主义核心价值观，必须从中汲取丰富营养，否则就不会有生命力和影响力。"②这种独特的价值体系，是中华优秀传统文化的核心与灵魂，是新时期中华民族共同价值观的感召力、影响力、凝聚力的集中体现。加

---

① 习近平：《在第十二届全国人民代表大会第一次会议闭幕会上的讲话》，《人民日报》2013年3月18日。

② 习近平：《青年要自觉践行社会主义核心价值观——在北京大学师生座谈会上的讲话》，《人民日报》2014年5月5日。

强中华优秀传统文化教育必须深刻理解和认识中华优秀传统文化的基本功能、思想精华和时代价值。

第一，深刻认识中华优秀传统文化的基本功能。中华优秀传统文化对化解人类面临的矛盾冲突及人生面临的困难、困惑，能够提供强大而有益的精神滋养和价值影响。在现代社会，人类主要面临着五大冲突，即人与人、人与自然、人与社会、人与自我心灵以及不同文明之间的冲突。这五大冲突也造成了人类生态、社会、道德、精神和价值的五大危机。解决这些冲突、危机与人生面临的困难、困惑，很难从西方文化中找到方案。因为西方文化的价值追求是以自我为中心的，而中华优秀传统文化所关注的是人与人、人与自然、人与社会、人与自我心灵世界的和谐关系，和谐是中国优秀传统文化的最高准则。中华优秀传统文化是"天人合一"之学、人际和谐之学、身心平衡之学、生命存在之学、道德践行之学、理想人格之学、内圣外王之学、安身立命之学和人生智慧之学。这是中华优秀传统文化独有的基本功能，也是中华文化为世界发展提供中国方案的根本之所在。

第二，深刻认识中华优秀传统文化的思想精华。中华优秀传统文化具有独特的凝聚力、独特的延续力、独特的传承体系、独特的文化精神、独特的时代价值。从哲学层面上观察，中华优秀传统文化最重要的思想精华体现在以下几个方面：

一是"天人合一"的生命哲学。"天人合一"是中华优秀传统文化的最高境界，其核心就是强调人与自然的和谐统一，表现在人的文化行为上，就是天人合德，强调人类的道德理性与自然生生之德的一致。

二是自强不息的担当精神。《周易》中说："天行健，君子以自强不息。"这是中华民族历经磨难而始终不败的文化精神。中国文化倡导的自强不息、刚健有为精神，既包含积极入世、主动进取的执着追求和担当道义、不屈不挠的社会责任，也包含正直独立人格和主动创造精神等。中华民族之所以能在5000多年的历史进程中饱经沧桑而自强不息，靠的就是这样一种奋发图强、坚韧不拔的精神。

三是和而不同的和谐思想。中华优秀传统文化在价值追求上，主张"和而不同""和实生物，同则不继""万物并育而不相害，道并行而不相悖"的价值取向和智慧。在政治观上，追求民族统一的"大一统"观念，注重"协和万邦"，强调亲仁善邻，在对外关系中始终秉承"强不执弱""富不侮贫"的精神，主张吸纳百家优长、兼集八方精义，注重各民族的团结统一。

四是民惟邦本的民本思想。中华优秀传统文化注重人的价值，强调以民为本，提出"敬德保民""重民轻神""恤民为德""天地之间，莫贵于人""民惟邦本，本固邦宁"等民本思想，主张治国须利民、裕民、养民、惠民，对于缓和社会矛盾、维系社会相对稳定产生了深远的影响。

五是止于至善的崇高追求。中华优秀传统文化在个人理想追求上，主张"修齐治平"。《礼记·大学》中说："大学之道，在明明德，在亲民，在止于至善。""物格而后知至，知至而后意诚，意诚而后心正，心正而后身修，身修而后家齐，家齐而后国治，国治而后天下平。"这种积极向上的个人理想追求，影响着中国一代又一代的仁人志士，修身养性，奋斗不止；追求大同理想，追求"大道之行也，天下为公"的大同社会。

第三，深刻认识中华优秀传统文化的时代价值。深刻认识中华优秀传统文化的时代价值，是加强中华优秀传统文化教育的前提。中华优秀传统文化是维系中华民族团结奋进的精神纽带。中华优秀传统文化的基本内容主要包括儒、道、佛三大家思想中的精华，儒家思想构成其基本精神和主体框架。中华优秀传统文化融合形成了中华民族独特的向心力、凝聚力和共同的理想信念，熔铸塑造了中华民族的民族精神、思想观念、价值追求，引领、融通、聚合、形成了中华民族强大的文化引导力和精神原动力。

中华优秀传统文化是实现中国梦的精神力量之源。习近平主席指出："没有文明的继承和发展，没有文化的弘扬和繁荣，就没有中国梦的实现。"[①]深刻地指明了弘扬中华优秀传统文化与实现中国梦的关系。实现中国梦，是物质文明和精神文明比翼双飞的发展过程，需要文化旗帜引领、文化精神激励和文化软实力支撑，更需要文化的认同和凝聚。

中华优秀传统文化是建设社会主义核心价值观的重要源泉。党的十八大报告指出："倡导富强、民主、文明、和谐，倡导自由、平等、公正、法治，倡导爱国、敬业、诚信、友善，积极培育和践

---

① 习近平：《在联合国教科文组织总部的演讲》，《人民日报》2014年3月28日。

行社会主义核心价值观。"①这一表达分别从国家、社会、公民三个层面阐述了社会主义核心价值观的内涵，是在汲取中华优秀传统文化的丰富营养基础上的发展和完善，是中华优秀传统文化在当代的传承和发扬。培育和弘扬社会主义核心价值观，必须立足于中华优秀传统文化。这是党中央立足国内国际两个大局，站在历史、现实和未来的时空交汇点上高瞻远瞩，对核心价值观教育作出的战略设计、历史定位和对未来发展的方向性指引，是当前培育和弘扬核心价值观的战略出发点和落脚点。

如何加强中华优秀传统文化教育

加强中华优秀传统文化教育，是当前我们面临的重要历史任务和重大时代要求，必须坚持知行合一，即认识与实践相统一、科学性与艺术性相统一、可操作性与可接受性相统一。

第一，加强中华优秀传统文化教育，必须认真学习领悟、深入阐发中华优秀传统文化的思想精华和文化精髓。要讲清楚中华优秀传统文化的历史渊源、发展脉络、基本走向，讲清楚中华文化的独特创造、价值理念、鲜明特色。要处理好继承和创新的关系，实现中华优秀传统文化创造性转化和创新性发展。

第二，加强中华优秀传统文化教育，必须继承和弘扬中华优秀

---

① 胡锦涛：《高举中国特色社会主义伟大旗帜 为夺取全面建设小康社会新胜利而奋斗——在中国共产党第十七次全国代表大会上的报告》，《人民日报》2007年10月25日。

传统美德。加强全社会的思想道德建设，激发人们形成善良的道德意愿、道德情感，培育正确的道德判断和道德责任，提高道德实践能力尤其是自觉践行能力，引导人们向往和追求讲道德、遵道德、守道德的生活，形成向上、向善的力量。

第三，加强中华优秀传统文化教育，必须加强爱国主义、集体主义、社会主义教育。坚持以事启人、以情感人、以理服人、以行引人，引导人民群众树立和坚持正确的历史观、民族观、国家观、文化观，不断增强做中国人的骨气、底气和朝气。

第四，加强中华优秀传统文化教育，必须树立文化自觉，增强文化自信和价值观自信。用博大精深、源远流长的中华优秀传统文化滋养自己，让扎根中国大地、具有时代精气神的中华优秀传统文化成为我们实现复兴、走向世界的坚实根基。

第五，加强中华优秀传统文化教育，必须将其贯穿国民教育全过程。特别是在学校教育中，要践行全员育人、全程育人、全方位育人。加强中华优秀传统文化类课程和教材体系建设，在中小学全面开展中华优秀传统文化进教材、进课堂、进头脑工作，在高校开设中华传统文化类课程，为学生提供丰富选择。把中华优秀传统文化全方位融入思想道德教育、文化知识教育、艺术教育、体育、社会实践教育各环节，贯穿于启蒙教育、基础教育、职业教育、高等教育、继续教育各领域。

第六，加强中华优秀传统文化教育，必须充分调动全社会的积极性和创造性。加大宣传教育力度，讲活中国故事。坚持全党动手、全社会参与，把中华优秀传统文化教育的各项任务分解、落实到农村、企业、社区、机关、学校等，形成齐抓共管、共建共学的新局面。

"不畏浮云遮望眼，只缘身在最高层。"中华优秀传统文化是我国全面建设小康社会，加快推进社会主义现代化，实现中华民族伟大复兴中国梦的内驱动力的精神之源，也是中华文化走出去的外驱动力的力量之源。我们坚信，通过加强中华优秀传统文化教育，深入学习习近平总书记教育思想，中华儿女一定会不忘初心，继续前进，求真务实，攻坚克难，为更好地共圆中国梦、造福全人类，作出新的更大的业绩和奉献。

目录

1　　**序一** 张岂之

5　　**序二** 楼宇烈

11　　**导言** 翟　博

001　　**大同：中华文化的社会理想**

002　　一、"大同"社会理想的思想渊源

006　　二、《论语》中孔子与弟子不懈探求的"大同"之世

011　　三、《礼记·礼运》总论"大同"及其实现路径

021　　四、从古代延续到近代的"大同"追梦史

026　　五、道洽大同：民族复兴中国梦及人类命运共同体之构建

033　　**经典中的"大同"**

034　　一、天下为公

034　　《六韬·文韬·文师》

038　　《六韬·文韬·盈虚》

042　　《吕氏春秋·纪·孟春纪》

044　　《潜书·大命》

046　　《尉缭子·治本》

048　　《韩非子·安危》

049　　《道德经·第七十七章》

051　　《论语·雍也》

053　　《论语·季氏》

058　　《庄子·天地》

062　　二、选贤与能

062　　《论语·为政》

063　　《孔子家语·儒行解》

065　　《荀子·君道》

068　　《吕氏春秋·览·慎大览》

069　　《吕氏春秋·览·先识览》

071　　《墨子·尚同上》

072　　　《墨子·尚贤上》

077　　　三、讲信修睦

077　　　《论语·为政》

078　　　《论语·尧曰》

079　　　《道德经·第十七章》

081　　　《道德经·第八十一章》

082　　　《荀子·强国》

083　　　四、生民各得其所

083　　　《论语·公冶长》

084　　　《孔子家语·相鲁》

087　　　《孟子·梁惠王上》

090　　　《荀子·王制》

092　　　《管子·形势解》

093　　　《吕氏春秋·纪·季冬纪》

095　　　《论语·宪问》

096　　　《论语·雍也》

097　　　《论语·颜渊》

098　　　《礼记·大学》

100　《孟子·梁惠王下》

105　《荀子·君道》

106　《吕氏春秋·纪·季春纪》

108　《吕氏春秋·览·孝行览》

110　五、理想社会

110　《礼记·礼运》

113　《淮南子·主术训》

115　《尚书·尧典》

117　《文子·精诚》

118　《诗经·大雅·民劳》

122　《诗经·国风·魏风》

124　《论语·先进》

128　《论语·子路》

129　《道德经·第八十章》

130　《庄子·马蹄》

132　《桃花源记》

137　《西京隐乡》

139　　　"大同"故事

140　　　一、祁奚荐贤

141　　　二、解狐荐仇

143　　　三、季札挂剑

144　　　四、子罕拒玉

145　　　五、国有三不祥

145　　　六、踊贵屦贱

147　　　七、景公出游于寒涂

148　　　八、晏子谏景公行其所善

149　　　九、曾子辞邑

150　　　十、曾子杀彘

150　　　十一、君欲治从身始

152　　　十二、惠王问宝

153　　　十三、商鞅徙木立信

154　　　十四、齐威王行赏罚

155　　　十五、庄暴见孟子

157　　　十六、千金市骨

158　　　十七、淳于恭养孤抚幼以善待盗

160　　　十八、杨震暮夜却金

161　　　十九、悬鱼太守

162 二十、羊续拒妻

163 二十一、一钱太守仁爱惠民

164 二十二、孔融让梨

164 二十三、陶母责子

165 二十四、陶侃惜谷

166 二十五、吕僧珍做官无私

167 二十六、李士谦乐善好施

168 二十七、李勣焚须

169 二十八、不卖劣马

170 二十九、程门立雪

171 三十、我心有主

172 三十一、桐城六尺巷

173 三十二、板桥开仓济民

175 后记

大同：中华文化的社会理想

人类不可以没有梦想，社会不可以没有共同理想。中华民族历来富于崇高理想，"大同"即是世世代代中国人梦寐以求的社会理想。中华民族对理想社会的追求聚焦于"大同"。"求大同"贯穿于中国历代对于理想社会追求的全过程。

在五千多年中华文明史上，"大同"社会理想有着古老而丰厚的思想渊源，有着博大而深刻的思想内涵。天下为公的"大同"理想世代传承，历久弥新，为中国社会发展注入了不竭动力，如今则是中华民族伟大复兴"中国梦"的思想渊源；毫无疑问，"大同"理想也是人类社会的美好愿景，是构建"人类命运共同体"的思想渊源。

一、"大同"社会理想的思想渊源

"大同"理想社会的完整表述出自《礼记·礼运》。这一理想社会的提出，有行迹可寻的实践范例，有史料可查的悠久渊源。"大同"理想社会的雏形，可追溯至三皇五帝时代。中国早期典籍呈现的三皇五帝的事迹，为"大同"理想社会的整体预设提供了不可多得的实践范例，奠定了坚实的思想根基。兹以典籍中记载的神农、黄帝、尧帝之治天下为范例。

　　《淮南子·主术训》描述"神农之治天下"的策略与情景，向人们展示了一个"大同"治世的范例。神农炎帝治理天下，"神不驰于胸中，智不出于四域"。其精神沉静而不躁动，智慧藏匿而不显露，只是"怀其仁诚之心"。神农怀着一颗仁爱真诚之心，治天下，感天下，做到"养民以公"，以所怀公心养育民众；"因天地之资而与之和同"，即凭借着大自然的资助，而与天地自然融会一体；"其化如神"，对民众的教化功效极为神奇，管辖范围各处"莫不听从"，无不归附，民风自然淳朴，百姓朴素稳重、正直诚实，没有纷争而财务富足，法律宽厚，刑罚轻缓，监狱空虚，自然不需严刑峻法，只需要简明的典章制度，"天下一俗，莫怀奸心"。此与"天下为公"的"大同"景象多有契合之处。

　　《文子·精诚》借老子之口，描绘了"黄帝之治天下"的政治举措与社会气象。轩辕黄帝治理天下时，顺应自然节律，匡正乐律，制定历法，男女有别，上下行为有序，强弱众寡互不相害，民众生命有保障，每年庄稼成熟而没有凶灾，百官端正而无私，官民协调而不抱怨，法令明确而不昏暗，辅佐公正而不曲从迎合，耕田者互让田界，路不拾遗，市场管理规范。所以在这个时代，日月星辰正常运行，风调雨顺，五谷丰登，凤凰飞翔在庭园，麒麟游戏于郊野，一派祥和景象。该文对黄帝治世的描述与《礼记·礼运》所描述的"大同"世界非常相似，可两相参阅。讲信修睦，所以民众友爱互让，"田者让畔，道不拾遗，市不预贾"，选贤与能，所以官员恪守公正，法令明晰。整个社会公平公正，男有分，女有归，鳏寡孤独废疾者皆有所养。

《尚书》首篇《尧典》，因表彰尧和舜选贤禅让、任德使能、教化天下的德政故事，而备受历代读书人推崇，其中所记故事也历来被视为唐、虞"天下为公"的"大同"盛世的缩影。据《尚书·尧典》记载："曰若稽古，帝尧曰放勋，钦明文思安安，允恭克让，光被四表，格于上下。克明俊德，以亲九族。九族既睦，平章百姓。百姓昭明，协和万邦。黎民于变时雍。"开篇所言"钦明文思安安，允恭克让，光被四表，格于上下"是言帝尧至德，他能恭敬节俭，明察四方善理天下，深谋远虑，品性忠纯，温和宽容，恪尽职守，又能让贤，恩泽四方，思虑周至天地。随之所言"克明俊德，以亲九族。九族既睦，平章百姓。百姓昭明，协和万邦。黎民于变时雍"，不仅描述了帝尧施行仁政所凭借的德行，而且描绘了理想社会的面貌。帝尧能够弘扬美好的品德，使家族亲密和睦。家族和睦以后，又辨别彰明天下百姓。辨别彰明天下百姓后，又协调万邦诸侯，天下百姓因此也变得友善和睦。

《六韬·盈虚》描绘了帝尧治理天下的策略与情景，与《尚书·尧典》之意大致相合。这两段文字皆从帝尧的自我修身讲到其治理之下的大同社会。其中已然蕴含甚至揭示了大同社会实现的路径在于以修身为本，达至天下大同。《六韬·盈虚》记载：帝尧治理天下时，约束自己的欲望，抑制自己的贪念，自身生活俭朴，轻徭薄赋，不误农时，用清静无为之策治民理政。官吏中，忠正守法的就升迁其爵位，廉洁爱民的就增加其俸禄；民众中，孝敬长者、慈爱晚辈者就给予敬重，尽力农桑者就予以慰勉。区别善恶良莠，表彰善良人家，提倡心志公平，端正品德节操，用法制禁止邪恶诈

伪。对自己所厌恶的人，如果建立功勋则同样给予奖赏；对自己
所喜爱的人，如果犯有罪行也必定进行惩罚。赡养天下鳏寡孤独之
人，赈济遭受天灾人祸之家。因此，"万民富乐而无饥寒之色，百
姓戴其君如日月，亲其君如父母"。天下民众富足安乐而没有饥寒
之色，百姓拥戴他如同景仰日月，亲近他如同亲近父母。

关于上古圣王治世的这一路径，《管子·形势解》中也有精要
总结。《管子·形势解》总结圣王治世"异起而同归"，皆以"利
民"为旨归。在揭示这一旨归的过程中，有意无意之间已经呈现了两
个维度：纵向和横向。圣王修身在纵向上德泽子孙，在横向上有益于
民众。将这两个维度进行无限的扩充，即是生生不已与天下大同。当
然对这二者的阐释并非《管子》所欲阐明的，然而其在行文的过程
中已经为我们呈现了这样的思路。

《诗经》为"大同"理想社会的整体预设奠定了坚实的思想
根基。《诗经·魏风·硕鼠》批判了不劳而获的令人厌恶的"硕
鼠"，表达了劳苦民众对"乐土""乐国""乐郊"的渴望与追
求。"适彼乐土""适彼乐国""适彼乐郊"的构想，体现了先民
简洁淳朴的情感与社会理想。这一宝贵思想世代传承，成为后世人
们追求和实现理想社会的萌芽，此可谓"大同"思想的源头活水。
《诗经·大雅·民劳》首章："民亦劳止，汔可小康。惠此中国，
以绥四方。无纵诡随，以谨无良。式遏寇虐，憯不畏明。柔远能
迩，以定我王。"《民劳》诗首章描述了百姓生活的疾苦，提出了
"爱民"的主张，而且这种"爱民"是怀柔远处，优抚近地，远近
之人均使归附，而不分国界地域。在"爱民"理念的推行中，逐步

实现"惠此中国，以绥四方"，这正是儒家仁爱思想所体现的差序结构，由近及远，实现"柔远能迩"的大同境界。这些理念中孕育着中华民族"大同"理想的基本格局。

二、《论语》中孔子与弟子不懈探求的"大同"之世

孔子祖述尧舜，宪章文武，重《诗》教以言志，孜孜以求于"大同"之世。就《论语》而言，其中孔子盛赞"春风沂水"，所追求的"老安少怀""博施济众""近悦远来""均和而安"，无不蕴含着"大同"理想因素。

1.春风沂水

《论语·先进》末章详述孔子与四位弟子畅谈人生理想的情景。子路、冉有、公西华三子皆欲得国而治，所言或狂或狷或过谦，各有所重，各有所失，故不足为夫子所取。表面看，是三子之志不符合各自身份、地位与能力，但归根结底，三子之失皆在开口便言"舍己为人"。舍己而言为人，其气象必然拘泥于"事为之末"，即离开"成己"去谈"成人"，一切事就失去了根本，故孔子不予认同。曾点所言之志乃"莫春者，春服既成，冠者五六人，童子六七人，浴乎沂，风乎舞雩，咏而归"。夫子听后喟然叹曰："吾与点也！"曾点所言之志看似小，甚至小到让人怀疑这是否能称得上"理想"。可是，细细品读，儒家文化的妙趣与格局即在

其中。曾点从自身出发，从日用平常处说，只是描写自己与几位成人、几位少年沐浴沂水，沐浴春风，歌咏而归。朱熹就此评述："曾点之学，盖有以见夫人欲尽处，天理流行，随处充满，无少欠阙。故其动静之际，从容如此。而其言志，则又不过即其所居之位，乐其日用之常，初无舍己为人之意。而其胸次悠然，直与天地万物，上下同流，各得其所之妙，隐然自见于言外。视三子之规规于事为之末者，其气象不侔矣，故夫子叹息而深许之。"如朱熹之言，每个人都与天地万物上下同流，各得其所，悠然、怡然地与世界同呼吸共命运；且"即其所居之位"，就是从人自身说起，不可舍己而谈为人，也不可脱离所处的名位而奢谈理想，此即是"素位而行"，此即是"壹是皆以修身为本"，进而"修己以安人"。在程子看来，"孔子与点，盖与圣人之志同，便是尧舜气象也"。清代张履祥在《备忘录》中就四子所言作过巧妙的顺序解读："初时师旅饥馑，子路之使有勇知方，所以戡定祸乱。乱之既定，则宜阜俗，冉有之足民，所以阜俗也。俗之既阜，则宜继以教化，子华之宗庙会同，所以化民成俗也。化行俗美，民生和乐，熙熙然游于唐虞三代之世矣，曾皙之春风沂水，有其象矣。夫子志乎三代之矣，能不喟然兴叹！"子路平定祸乱，冉有富足百姓，公西华淳朴风尚，曾点自然游于"民生和乐"的三代了。四子的志愿成为到达太平盛世的各个阶段，此说读来颇耐人寻味。曾皙表面上虽不是讲治国的大道理，实质上却描述了天下大同的一幅景象。一种社会理想和政治抱负，一番天下大同的道理就在这样的画面中透露出来。有哲理亦有诗情画意，言有尽而意无穷。所以我们说，曾皙之志，反映了尧舜禹三代治世"化行俗美，民生和乐"的盛世景象，这与孔子所向往的三代之志向相契合，故能引发孔子赞叹。总而言之，孔子唯独赞许曾皙，表明孔子志在"天下归仁"的太平盛世，百姓得安，天下大同，而不是一时一事之成就。

2.老安少怀

朱熹在解读"侍坐"章时说到"孔子之志，在于老者安之，朋友信之，少者怀之，使万物莫不遂其性"，也即《论语·公冶长》所言的"老安少怀"。《论语·公冶长》：颜渊、季路侍。子曰："盍各言尔志？"子路曰："愿车马，衣轻裘，与朋友共，敝之而无憾。"颜渊曰："愿无伐善，无施劳。"子路曰："愿闻子之志。"子曰："老者安之，朋友信之，少者怀之。"

这也是孔子与弟子畅谈人生理想的重要篇章。子路与颜渊皆有感于仁道，精神可嘉，然而格局尚显不足。子路"求仁"，不惜舍己为人，表达了不计功利的"与朋友共"之意，却没有能为人们展现出这份"与朋友共"可产生的效验，即钱穆评其"未见及物之功"。颜渊所言"愿无伐善，无施劳"即是"不违仁"，可是颜渊的"不违仁"，从动机看不出是人之自然流露，按朱子引程子之语："未免出于有意也"。其效验可以让人想象，但是却无法呈现万物各"遂其性"的意境，即钱穆所言"未见物得其所之妙"。至于夫子所言之意境，则"如天地之化工，付与万物而己不劳焉，此圣人之所为也"（朱子引程子之语）。钱穆亦讲"孔子则内外一体，直如天地之化工，然其实则只是一仁境，只是人心之相感通，固亦无他奇可言"。钱穆详细阐释了孔子的"老者安之，朋友信之，少者怀之"。"此三'之'字，一说指人，老者我养之以安，朋友我交之以信，少者我怀之以恩也。另说，此三'之'字，指己，即孔子自指。己必孝敬，故老者安之；己必无欺，故朋友信之。己必有慈惠，故少者怀之。《论语》多言尽己工夫，少言在外之效验，则似第一说为是。然就如第一说，老者养之以安，此必老者安于我之养，而后可以谓之安。朋友交之以信，此必朋友信于我之交，而后可以谓之信。少者怀之以恩，亦必少者怀于我之恩，而后可以谓之怀。是从第一说，仍必进入第二说。盖工夫即在效验上，有此工夫，同时即有此效验。人我皆入于化境，不仅在我心中有人我一体之仁，即在人心中，亦更与我无隔阂。同此仁道，同此化境，圣人仁德之化，至是而可无憾。"钱穆从尽己工夫与外之效验的一体解读了孔子"老者安之，朋友信之，少者怀之"所表达出的人我一体之仁，可谓得其要义。这种一体感通的"安仁"境界的一体实现之道，孔子在阐释"博施济众"时言明了。

3.博施济众，立己达人

"博施济众""立己达人"出自《论语·雍也》中孔子与子贡的一段对话：

子贡曰："如有博施于民而能济众，何如？可谓仁乎？"子曰："何事于仁，必也圣乎？尧、舜其犹病诸！夫仁者，己欲立而立人，己欲达而达。能近取譬，可谓仁之方也已。"

家累千金的子贡极有仁爱之心，且有志于仁。有一天，子贡请教孔子如何看待"博施于民而能济众"之举，想"安百姓"，给百姓很多好处并能周济大众，其志向高远，精神可嘉，只是，即使尧、舜之圣，也会担心施之不博，济之不众，力不从心。如何为仁进而博施济众？孔子教其"能近取譬，可谓仁之方也已"，即从近处切入，从己身切入，方得入"博施济众"之门。此如朱熹所言："近取诸身，以己所欲譬之他人，知其所欲亦犹是也。然后推其所欲以及于人，则恕之事而仁之术也。于此勉焉，则有以胜其人欲之私，而全其天理之公矣。"孔子所谓"己欲立而立人，己欲达而达人"也正是"能近取譬"之道。就是自己要站得住，也要帮助别人站得住；自己要腾达，也要帮助别人。凡事能就近以自己作比照，设身处地地为别人着想，推己及人，可以说就找到了行仁的路径了。在钱穆看来："孔子好学不厌，是欲立欲达。诲人不倦，是立人达人。此心已是仁，行此亦即是仁道，此则固是人人可行者。""立己达人"的效果表现就包括"近悦远来"。

4.近悦远来

《论语·子路》："叶公问政。子曰：'近者说（悦），远者来。'"叶公向夫子问政，夫子用六个字进行了精要的概括："近者说，远者来。"意为近处的人生活和乐，远方的人慕名前来，这就是为政之道，也就是政治。六个字对施政的功效与路径描绘得可谓精妙。朱熹注曰："被其泽则说，闻其风则来。然必近者说，而后远着来也。"从境界上讲，近者因受恩泽而和乐，同时惠及远人，自然远近皆和乐；从路径上讲，由近及远，推己及人，必先近者和乐，而后远者和乐而来。既然要推己及人，自然要先"修己"，在政治上，就是首先要在本地本国施善政。至于如何施善政，则必"均和而安"。

5.均和而安

《论语·季氏》："丘也闻有国有家者，不患寡而患不均，不患贫而患不安。盖均无贫，和无寡，安无倾。夫如是，故远人不服，则修文德以来之。既来之，则安之。""不患寡而患不均，不患贫而患不安"当作"不患贫而患不均，不患寡而患不安"。孔子所担忧的不是国家贫穷，而是分配不合理；担心的不是人口少，而是社会不安定。分配合理就没有贫困，关系和睦就不必担心人少，社会安定了就不会有混乱局面。没有贫困、和谐安定的社会，自然是人们所向往的。为政要解决物质资源的分配与社会的稳定问题，这两个问题处理好了，则近悦远来，来则必安。

孔子还强调远人不服要修文德以来之，提到了"既来之，则安之"，意为远方之人到来，我们就要帮助他们安顿下来。这是孔子"近悦远来"思想的延展，回答了"远来"之后须"安之"。己安而人来，人来则安之。这就是"天下一家"的思想，是"天下大同""民吾同胞"精神的体现。

三、《礼记·礼运》总论"大同"及其实现路径

《孔子家语·相鲁》主要记述了孔子在鲁国为官时的举措。孔子年过五十，方得初仕于鲁国中都，担任中都宰，有了施展政治抱负的舞台。孔子制定了使老百姓生活有保障、死后得安葬的制

度；提倡按照年龄长幼分食不同的食物，根据能力大小担任不同的职务，男女各行其道，在路上遗失的东西没有人会拾取据为己有，器物不求浮华雕饰；死人装殓的棺木厚四寸、椁木厚五寸，依着丘陵修墓，墓上不建高坟，不在坟墓周围种植松柏。"行之一年，而西方之诸侯则焉"。即是说，上述制度施行一年之后，西方各诸侯国都纷纷效法。鲁国国君鲁定公对孔子之举也十分赞许，希望"学子此法以治鲁国"。孔子非常自信地回应："就是天下也足以治理好，岂只是治理好鲁国呢！"于是，鲁定公任命孔子做了司空。孔子在任期间，根据土地的性质，将土地分为山林、川泽、丘陵、高地、沼泽五类，各种作物都种植在适宜的环境里，且生长得很好。此后，孔子由司空升为鲁国大司寇，"设法而不用，无奸民"，这一切，无疑呈现出"大同"社会的某些气象，也为孔子系统阐述大同理念奠定了基础。

先秦诸子百家的思想中包含了丰富的"大同"社会理想的因素，而就"大同"理想社会的具体预设与直接阐述，则是在《礼记·礼运》篇中。在《礼记·礼运》篇中，孔子提出了一个"天下为公"的大同社会的蓝图。《孔子家语》也有《礼运》篇，对"大同"的表述与《礼记·礼运》篇大同小异。兹以《礼记·礼运》有关"大同"的描述为蓝本加以阐释。《礼记·礼运》对大同的表述共107字，全文如下：

"大道之行也，天下为公，选贤与能，讲信修睦。故人不独亲其亲，不独子其子；使老有所终，壮有所用，幼有所长，矜、寡、孤独、废疾者皆有所养；男有分，女有归。货恶其弃于地也，不必藏于己；力恶其不出于身也，不必为己。是故谋闭而不兴，盗窃乱贼而不作，故外户而不闭，是谓大同。"

之前孔子言及："大道之行也，与三代之英，丘未之逮也，而有志焉。""大同"无疑是以孔子为代表的儒家圣贤根据原始社会的传说而构想的一个理想的太平盛世，也是孔子借此表达自己所孜孜以求的理想社会。《礼记·礼运》对大同的表述可分三层解读。

第一层面，从"大道之行也"至"讲信修睦"，是对"大同"社会的纲领性论述。"大道"乃治理社会的最高准则。推行"大道"，必有"天下为公"之公制，政权及社会财富属于社会全体成员；必有"选贤与能"之公正，社会管理者应按"贤"和"能"的标准推举产生；必有"讲信修睦"之公德，社会成员间应当建立起良好的互信而和睦的关系，要讲求诚信以消除欺诈，要崇尚和睦以止息争斗，使社会保持和平安宁。

所谓"天下为公"，就是说，"天下"不专属于任何个体，也不是某一家或某一派的，而是普天大众的。郑玄注："公犹共也，禅位授圣，不家之。"相传在尧舜禹时代，华夏民族的首领实行禅让制，不把天下作为私有财产。这就做到了"天下为公"。《史记·五帝本纪》载："尧知子丹朱之不肖，不足授天下，于是乃权授舜。授舜，则天下得其利而丹朱病；授丹朱，则天下病而丹朱得其利。尧曰'终不以天下之病而利一人'，而卒授舜于天下。"尧舜禹时代的禅让制度，为先秦儒家、墨家、纵横家及后世文人学士所乐道、所推崇。尧对舜进行三年考核后，使其帮助为事。尧死后，舜继位。相传尧为部落联盟领袖时，尧知道他的儿子丹朱很粗野，好闹事。有人推荐丹朱继位，尧不同意。尧召开部落联盟议事会议，四岳推举德才兼备的虞舜为继承人，尧把自己的两个女儿娥皇、女英嫁给舜，并考验了三年才将帝位禅让给舜。舜继位后，完善了社会管理制度，深受大家爱戴。舜仿照尧的推举方式，经过治水考验，以禹为继承人。这是部落联盟推选领袖的制度，史称"禅让"。见于郭店一号墓的《唐虞之道》及《穷达以时》与《上海博物馆藏战国楚竹书》中收录的《容成氏》和《子羔》都言及上古的"禅让"。帝尧禅位于姚姓的舜，帝舜禅位于姒姓的禹，以"公天下"为取向的禅让制取代"家天下"世袭制，体现了上古圣王"不以天下之病而利一人"的高贵品质。

《礼运》篇中的大同社会以"天下为公"为各种建设的总纲领。对"天下为公"所论精妙的当属《六韬·文韬·文师》。文王问太公说："立敛何若而天下归之？"即制定什么样的方法才能使天下归心呢？太公答："天下非一人之天下，乃天下人之天下也。同天下人之利者，则得天下；擅天下之利者，则失天下。天有时，地有财，能与人共之者，仁也；仁之所在，天下归之。免人之死，解人之难，救人之患，济人之急者，德也；德之所在，天下归之。与人同忧，同乐，同好，同恶者，义也；义之所在，天下赴之。凡人恶死而乐生，好德而归利，能生利者，道也；道之所在，天下归之。"太公以"天下为公"作为文王进言天下归心、天下大治的法门，《礼记·礼运》亦是如此。

《吕氏春秋·纪·孟春纪·贵公》提到，从前，圣王治理天下，一定首先做到公正无私，"公则天下平矣，平得于公"。偏私或偏袒，则会失去天下。"天下非一人之天下也，天下之天下也"。这可作为对"天下为公"的简单阐释。公正无私，就是要出于公心。正如西晋初年政治家傅玄在《傅子·通志》中所言："有公心，必有公道；有公道，必有公制。"为政者要以天下为己任，出于公心，行于公道，进而确立公正的典章制度。黄宗羲《明夷待访录·原君》提出"天下为主，君为客"的思想，主张君主毕生为天下人谋福利。

基于"天下为公"的政治主张，必然要重视"选贤与能"之公道和"讲信修睦"之公德。社会管理者需要具有起码的公道公正之心，以提升执政能力。社会成员尤其是管理者，要以天下为己任，崇尚信义，团结和睦，不只是孝敬自己的父母，也不只是爱护自己的子女，还要泛爱众而亲仁，修己以安人，使所有的人安居乐业，各安其位，各尽所能，各得其所。

"选贤与能"之"贤"，重在强调个人品德，即有德行之人。"能"则重在强调有才能会办事，即有能力之人。用人之道在重德才兼备、德才并美之人。这正是"天下为公"的体现。《吕览·去私》中言："天无私覆也，地无私载也，日月无私烛也，四时无私行也。"正因如此，尧有十个儿子，却不将天下授予其子，而授予舜；舜有九子，亦不授予其子而授予禹。舜帝继位第一件事就是"选贤与能"，对禹、契、皋陶、伯夷等多名贤能者分别委以重任，百官各司其职，舜帝则"恭己正南面"，无为而治，出现了孔子向往的大同之世。孔子明确主张"举贤才"（《论语·子路》），知人善任，知贤才而用之；因材任使，"无求备于一人"
（《论语·微子》引周公语）；强调为政必正己，"其身正，不令
而行；其身不正，虽令不从"（《论语·子路》），"政者，正
也。子帅以正，孰敢不正？"（《论语·颜渊》）为政者"帅以
正"，就会上行下效，加之"举直错诸枉"（《论语·颜渊》），
自然就会政通人和，国家得治，由此奠定了我国任人唯贤的政治
思想基础。孟子主张"尊贤使能，俊杰在位"（《孟子·公孙丑
上》），认为"不仁而在高位，是播恶于众也"（《孟子·离娄
上》）。若没有仁德者做高官，就会将其恶行传播给众人。荀子
认为"尚贤使能，则民知方"（《荀子·君道》），主张"无德
不贵，无能不官"（《荀子·王制》），若"德不称位，能不称
官"，则"不详莫大焉"（《荀子·正论》）。墨子作"尚贤"
篇探讨了尚贤与政治的关系，墨子提出尚贤乃"为政之本"，"举
公义，辟私怨"为举贤之本，主张从各阶层中选拔真才实学之人，
"举义不辟远""量功而分禄"，称"官无常贵而民无终贱，有能
则举之，无能则下之"（《墨子·尚贤上》），这对当时广大平民
阶级争取政治权力的斗争无疑有着现实意义和理论指导意义。北宋
二程提出："天下之治，由得贤也；天下不治，由失贤也"（《河
南程氏文集·上仁宗皇帝书》）。《孔子家语·儒行解》："儒有
内称不避亲，外举不避怨；程功积事，不求厚禄；推贤达能，不望
其报；君得其志，民赖其德；苟利国家，不求富贵。其举贤援能有
如此者。"儒者举荐人才，对内不避自己的亲属，对外不避与自己
有仇怨的人。考量功绩，积累功德，不谋求更高的禄位。推荐贤能

的人并使之任用，不祈望他们的报答。国君用贤以施展抱负，百姓仰仗他的仁德得以安康。有利于国家，不贪图个人的富贵。儒者的举贤荐能就是这样的。春秋时期晋国的中军尉祁黄羊向晋悼公请求退休。晋悼公问祁黄羊："谁可接替你的职位？"祁黄羊毫不犹豫地推荐解狐来担任这一职务。晋悼公惊曰："解狐他不是你的仇人吗？"黄羊答曰："君问可，非问臣之仇也。"晋悼公赞许地点头称"善"。不久，晋悼公又问黄羊："国无尉，其谁可而为之？"黄羊又向他推荐了午。平公曰："午，可是你的儿子啊。"黄羊答曰："君问可，非问臣之子也。"晋悼公又钦佩地点头称"善"，遂用之。国人亦称善焉。孔子赞曰："善哉，祁黄羊之论也，外举不避仇，内举不避子，祁黄羊可谓公矣。"

基于"天下为公"的政治主张，必然要重视"讲信修睦"。"讲信修睦"言修身的落实与功效。"讲信"是尽己之实，即忠的落实，修身的落实。子曰："主忠信，徙义，崇德也。"（《论语·颜渊》）朱子说："尽己之忠，以实之为信。"是"信"为"忠"之实。孔子先讲"忠信"，即尽己，"徙义"，方能言崇德。"修睦"是亲亲，是致和。《广韵》："睦，亲也。""睦"有"亲睦"之义。《说文》："睦，敬和也。"所以"睦"又有"和睦"之义。

"讲信修睦"是言自身修为，"选贤与能"是言识人用人。所以，《礼运》之言所针对的对象主要是为政者。这也就是为什么先讲"选贤与能"，再言"讲信修睦"。对于普通人而言，立人之道在于"讲信修睦"，人若无信则不立，人而无信不知其可。对于统治者，"讲信修睦"虽必不可少，但其足担大任首先取决于能否"选贤与能"，不能选贤与能，其最多成为一个好人，但绝不可能成为善政者，所以为人当先讲信修睦，而《礼运》行文先言"选贤与能"。

第二层面，从"故人不独亲其亲"至"不必为己"，阐述"大同"世界恪守的仁爱之道，揭示了大同社会的本质特征。

"大同"社会的本质特征是讲仁爱，推己及人，"不独亲其亲，不独子其子"。"不独子其子"的前提是"亲亲"之爱。适如孔子所言："立爱自亲始。"（《孔子家语·哀公问政》）"仁者，人也。亲亲为大。"（《中庸》）"亲其亲"必兼具"养"和"敬"，即要兼具物质和精神两方面。此如孔子所谓："今之孝者，是谓能养，至于犬马，皆能有养；不敬，何以别乎？"（《论语·为政》）"立敬自长始。"（《孔子家语·哀公问政》）"幼吾幼"亦必兼具"养"和"教"，即要兼具物质和精神两方面。"大同"社会的仁爱之道绝不限于此，每个人都能把奉养父母并抚育子女的心意扩大到其他社会成员身上，让全社会亲如一家。"人不独亲其亲"，即孟子所言"老吾老以及人之老"；"不独子其子"，即孟子所言"幼吾幼以及人之幼"。二者皆是孔子"能近取譬"之道的体现。

"使老有所终"至"不必为己"，皆是基于"人不独亲其亲，不独子其子"而表现出来的，这意味着人人都能受到全社会的关爱。"老有所终，壮有所用，幼有所长"，是基于仁爱之道，对各年龄段的人群所做出的适度安排。老年人得以安享天年，壮年人能为社会所用而施展才华，幼年人能受到教育而身心健康成长。同样基于仁爱之道，对"矜、寡、孤、独、废、疾"这六种弱势群体，要实行生活保障，更充分地体现全社会的人文关怀。正是基于仁爱之道，男女都能安居乐业。"男有分"，就是说男子都有适合自己的职业或职位，能安心地工作，各尽其责；"女有归"，就是女子都有家庭归宿而各得其所。古代男耕女织，妇女在家也要从事蚕桑，这样才能丰衣足食。男女婚配及时，各安其位，互敬互助，则有和乐家庭。

基于公心和仁爱之道，必货尽其用，人尽其力。"货恶其弃于地也，不必藏于己"，这是说物质虽然丰富，但也应珍惜劳动产品，不得浪费资源或财物，应无自私自利之心，不应把劳动成果据为己有。"力恶其不出于身也，不必为己"，这是说人们在共同劳动中以不出力或少出力为耻，以不劳而获为耻，人人都能竭尽全力地工作，却没有"据为己有"的念头。这主要是就人们的思想观念和道德水准而言的，因为只有立公心、去私心，才能实现货尽其用、人尽其力。

第三层面，从"是故谋闭而不兴"至"是谓大同"，是将现实社会与理想的"大同"社会作对比所作的总括语，意味着人们境界崇高，社会和谐安宁。

在理想的"大同"社会，由于公正公平公有共享，广泛施行仁爱之道，人们安身立命，人心和顺，因而阴谋诡计受到遏制，无任何施展余地，抢劫、偷窃和犯上作乱之事不会发生，也不用关上门来彼此防范，代之而兴的将是一个"外户而不闭"的安居乐业、和谐安定的局面。这就是两千多年前，中国圣贤对理想社会具体而形象的生动描绘，这也正是中国圣贤指引的重民生、以人为本、恪守诚信、崇尚公正道义、和合修睦而渐入大同之境的社会发展道路。

总而言之，在孔子看来，只要推行唐虞治世"大道"，就可以建立起"天下为公"的"大同"社会。在《礼记·礼运》篇中，"大同"社会是相对于"小康"社会而言的，两相比较，"大道之行"的"大同"社会和"三代之英"的"小康"社会的根本区别，在于"天下为公"或"天下为家"，"大同"社会强调，天下是天下人之天下，为全天下人所共有，不像"小康"社会那样"天下为家"，为一姓一家所拥有；"大同"社会推行"选贤与能"之机制，治理天下之人，是天下人公选出来的"贤"者和"能"者，不像"小康"社会那样"大人世及以为礼"，即视天子诸侯的子弟世代承袭为理所当然，以致像桀、纣之类的暴君危及天下；崇尚"讲信修睦"的人际关系和仁爱共济的精神境界，"人不独亲其亲，不独子其子"，不像"小康"社会那样"各亲其亲，各子其子"；各尽其力的劳动态度，没有私产，人们各安其位，各尽其能，各得其所，都过着幸福美满的生活，不像"小康"社会那样"货力为己"，需要"设制度""立田里""以功为己"；形成良好道德风尚，出现鼓舞人心的安定局面，不像"小康"社会那样常常"谋作兵起"，"城郭沟池以为固"，想方设法来维持社会秩序。

《礼记·礼运·大同》强调，每个人尤其是为政者，必须从自身做起，修己以安人，促进人和、家齐、国治、天下太平，形成社会运行有序、团结安定的局面，这与《大学》所谓的"身修而后家齐，家齐而后国治，国治而后天下平"是高度一致的。"修身"为本，人人应怀有一颗仁爱之心，进而提升自身的道德水准。诚然，孔子时代所谓"齐家"的"家"，不限于现代意义上"家庭"的概念，而是当时诸侯国大夫"百乘之家"的封地；"国"乃诸侯国，也可视为古代行政管辖区；"天下"也不同于现代意义上"世界"的概念，而是指周天子的天下。尽管如此，儒家"大同"和"修齐治平"之道，描绘了未来社会的蓝图，提出了实现这一蓝图的方略，带来了深远影响，具有普遍意义。

四、从古代延续到近代的"大同"追梦史

先秦时期以孔子为代表的儒家提出"大同"理想的同时，出现了各种各样的关于理想社会的期许。与孔子大致同时代的老子，向往"小国寡民"的社会，设计了一幅没有欺压，人人平等，人人劳动，人人"甘其食，美其服，安其居，乐其俗"的理想社会蓝图。老子提出"人法地，地法天，天法道，道法自然"，强调顺应自然，崇尚自然，清静无为，敬畏天地，认为人道法于自然，只有道才是最自然的文化，德是实现这一自然的阶梯，主张"尊道贵德""以正治国""爱民治国"，"圣人无常心，以百姓之心为心""正文善治"，"修之于身，其德乃真；修之于家，其德乃余；修之于公，其德乃长；修之于邦，其德乃丰；修之于天下，

其德乃普。"老子的德道文化与黄帝的法道文化以及伏羲的易道文化是儒家大同文化的源头活水。战国时代，与孟子同时代的楚国人许行，依托远古神农氏"教民而耕"之言，主张"种粟而后食"，"贤者与民并耕而食，饔飧而治"（《孟子·滕文公上》），期望人人平等，自食其力，劳有所得，没有剥削和欺诈，贤者以饮食馈客之礼而治理天下，反映了农民小生产者改变自身落后经济地位的强烈愿望。《尉缭子·治本》倡导"使民无私"的"善政"，认为"民无私则天下为一家，而无私耕私织，共寒其寒，共饥其饥"，进而"安民怀远"，"无天下之乱"。《吕氏春秋·纪·孟春纪·贵公》提出了"治天下也，必先公，公则天下平"的主张。儒家的"大同"理想比道家、农家的理想更详尽更完整，对中国社会产生了更加深远的影响。"天下为公""世界大同"，成为千百年来中国人民为之不懈奋斗的理想和信念，贯穿中国古代社会始终，成为中国社会进步的思想动力。

东汉末期张鲁在汉中行五斗米教，教人互助互爱，"诚信不欺诈"，"人人平等，自食其力"，反对"强取人物"，主张"信道行善，德行为先"，设立"靖庐"作为病人思过修善之所，建立"义舍"，"量腹取足"，使汉中成为民众心中的一方乐土。

东晋陶渊明少年时受传统儒家思想的影响，"不为五斗米折腰"，辞官解印，仍怀有兼济天下苍生之志，其《桃花源记》描绘的世外桃源，是同现实世界隔绝的人间乐土——那里没有剥削、压迫和战争，人们处于温饱、宁静和和平的环境之中，过着无忧无虑的田园生活，为后世幻想逃避现实社会苦难的民众所憧憬。《桃花源记》在中国大同思想发展史上留下浓墨重彩的一笔。

北宋理学家张载在《正蒙·乾称》中继承发扬了先秦儒家的大同说，表述了自己的社会理想："乾称父，坤称母，予兹藐焉，乃混然中处。故天地之塞吾其体，天地之帅吾其性，民吾同胞，物吾与也。大君者，吾父母之宗子；其大臣，宗子之家相也。尊高年，所以长其长；慈孤弱，所以幼其幼。圣合其德，贤其秀也。凡天下疲癃残疾，茕独鳏寡，皆吾兄弟之颠连而无告者也。"

南宋词人康与之言及"此间居民虽异姓，然皆信厚和睦"，"凡衣服、饮食、牛畜、丝纩、麻枲之属，皆不私藏，与众共之，故可同处"，"计口授地，以耕以蚕，不可取食于人耳"，描绘了讲信修睦、人人耕桑、自食其力、丰衣足食、劳动成果平均分配的社会景象。

明代思想家吕坤所作的《呻吟语》是专论人生修养、处世原则、兴邦治国、养生之道的典籍。其中《治道》篇提出："六合之内，有一事一物相陵夺假借，而不各居其正位，不成清世界；有匹夫匹妇冤抑愤懑，而不得其分愿，不成平世界"，其所追求的"清平世界"，也是对"大同"世界的探求与渴望。

时至近代，占主导地位的依然是儒家的"大同"理想。洪秀全领导的"太平天国"运动，就曾以"大同"思想激励民众。洪秀全所作《原道醒世训》"遐想唐、虞、三代之世，有无相恤、患难相救，门不闭户，道不拾遗，男女别途，举选上德"的"大同"之世，还全文引用《礼运》中有关"大同"的论述。《天朝田亩制度》的目标是建立"务使天下共享""有田同耕，有饭同食，有衣同穿，有钱同使，无处不均匀，无人不饱暖"的理想社会。

近代中华民族深受古老中华"大同梦"影响的同时，又或多或少与西方传来的自由、平等、博爱观念及空想社会主义思想相结合，呈现了多形态的理想追求。中国近代"大同"理想中占主导地位的是康有为的《大同书》和孙中山的大同理想。康有为自称1884年就开始"演大同主义"，次年就"手定大同之制，名曰《人类公理》"，《大同书》成书于1902年避居印度时。《大同书》依据《春秋》公羊"三世"说和《礼运》中的"小康""大同"说，表述了人类历史进化的三个阶段，只有破除给人类带来无限苦难的"九界"（即国界、级界、种界、形界、家界、产界、乱界、类界、苦界），人类社会才能由"据乱世"步入"升平世"，即"小康之世"，最后由"升平世"进为"人人相亲，人人平等，天下为公，是谓大同"的"太平世"，即"大同之世"。"大同始基之据乱世。大同渐行之升平世。大同成就之太平世。"（《大同书》）《大同书》尽管受到佛教慈悲平等以及基督教博爱、自由、平等的教义，卢梭的天赋人权论，欧洲空想社会主义的影响，但其思想主要基于儒家的"不忍人之心"的仁爱观。

民主革命先行者孙中山深受《礼运》中传统的"大同"观念的影响，极力倡导"天下大同"的民生主义理想，视"大同"社会为"人类进化之目的"（《孙文学说》）。孙中山多次题写"博爱"和"天下为公"赠与革命同志，多次抄写"大同"全文，制定的黄埔军官学校的训词是"三民主义，吾党所宗，以建民国，以进大同"。在孙中山的政治思想中，"天下为公"与"世界大同"是紧密联系的同义词。他在演讲中多次谈及"公天下"与"家天下"的区别，认为中国古代的尧舜孔孟是倡导"大同"理想的楷模："两千多年前的孔子、孟子便主张民权。孔子说：'大道之行也，天下为公。'便是主张民权的大同世界，又'言必称尧舜'，就是因为尧舜不是家天下。尧舜的政治，名义上虽然是用君权，实际上是行民权，所以孔子总是宗仰他们。"（《三民主义·民权主义》第一讲）在孙中山看来："真正的民生主义，就是孔子所希望之大同世界。""民生主义就是社会主义，又名共产主义，即是'大同主义'。"（孙文《民生主义》）"我们要将来能够治国平天下，便先要恢复民族主义和民族地位。用固有的道德和平做基础，去统一世界，成一个大同之治，这便是我们四万万人的大责任。"（《三民主义·民族主义》）"我们今日在没有发达之前，立定扶倾济弱的志愿，将来到了强盛时候，想到今日身受列强政治经济压迫的痛苦，将来弱小民族如果受这种痛苦，我们便要把那些帝国主义灭消，那才算是治国平天下"。孙中山的"大同"理想，首要的是"治国"，在一国范围内，按照"民有""民治""民享"的要求，实现中国的独立、自由、富强与均富，最大限度地为人民提供福祉；在世界范围内"天下为公"，则是"扶倾济弱"，帮助其他被压迫民族谋求各自的独立、自由和富强，实现世界各民族的完全融合与和平共处，进而实现"平天下"的目的。

五、道洽大同：民族复兴中国梦及人类命运共同体之构建

《礼记·礼运·大同》勾勒出的理想社会，反映了民众对美好生活的向往，为后世儒者所推崇，对中国古代社会产生了巨大影响，也为近现代的志士仁人所崇尚，成为中华民族历代传承着的中华"大同梦"。历经几千年的风雨洗礼，几经跌宕沉浮，几经坎坷崎岖，中华民族创造出一个个令世人瞩目、令世界为之震惊的伟大奇迹。一部五千多年的中国历史，就是中华民族生生不息、不懈追求"大同"的"追梦史"。"大同"社会为共产党人信仰共产主义理想提供了文化基因，中国马克思主义者吸收了"大同"和"小康"概念，并赋予其新的内涵。进入21世纪，古老的中华"大同梦"再度被唤起，中华民族伟大复兴的中国梦与"大同"理想一脉相承，实现中华民族伟大复兴的中国梦，已成为中华民族顽强追求的伟大梦想。

中国共产党创始人之一李大钊，运用马克思主义唯物史观就"大同"理想向现实转化的具体途径作了初步探索，使"大同"概念成为共产主义理想社会的中国式表达。1923年，李大钊在《平民主义》一文中指出："现在世界进化的轨道，都是沿着一条线走，这条线就是达到世界大同的通衢，就是人类共同精神连贯的脉

络。"周恩来早期文论就怀有"大同"之志："相跻于大同之境；种界破，国界灭，相趋于和平之途；利私之竞争消，真我之面目见，而三子之所希冀者，达矣。但人同此心，心同此理。人类之产生，距今亦千万年矣。仁灵之具无或差异，其达·于大同之境、和平之途，宜矣。"（参见《周恩来早期文集》上卷）毛泽东早年深受儒家大同理想之熏染。1917年8月23日《致黎锦熙信》中提到："开其智而蓄其德，与之共跻于圣域。彼时天下皆为圣贤，而无凡愚，可尽毁一切世法，呼太和之气而吸清海之波。孔子知此义，故立太平世为鹄，而不废据乱、升平二世。大同者，吾人之鹄也。立德、立功、立言以尽力于斯世者，吾人存慈悲之心以救小人也。"其中明言以"大同"为理想社会目标。这为他接受马克思主义和共产主义埋下了文化基因。中华人民共和国成立前夕，毛泽东对即将诞生的人民共和国充满期待，即"经过人民共和国到达社会主义和共产主义，到达阶级的消灭和世界的大同。"（《论人民民主专政》）中华人民共和国的成立，社会主义制度的确立，为国家富强、民族复兴、人民幸福开辟了崭新的道路。

"小康"作为一种社会模式，最早在《礼记·礼运》篇中得到系统阐述，成为仅次于"大同"的理想社会模式。千百年来，小康思想在中国民间根深蒂固，成为普通百姓向往富裕生活的目标。党的十一届三中全会以后，邓小平立足于中国国情，提出了"小康社会"这一富有中国特色的概念，用以描述中国式的现代化状态。党的十二大把"小康"作为主要奋斗目标和我国国民经济和社会发展的阶段性标志。党的十三大正式将实现小康列为"三步走"发展战略的第二步目标。党的十五届五中全会提出，从新世纪开始，我国进入了全面建设小康社会，加快推进社会主义现代化的新的发展阶段。党的十六大报告中，进一步明确"我们要在本世纪头20年，集中力量，全面建设惠及十几亿人口的更高水平的小康社会，使经济更加发展、民主更加健全、科教更加进步、文化更加繁荣、社会更加和谐、人民生活更加殷实"。

十八大以来，以习近平同志为核心的党中央，致力于实现"全面小康"，并就"小康"概念的出处与运用作过精辟阐释："全面建成小康社会的'小康'这个概念，就出自《礼记·礼运》，是中华民族自古以来追求的理想状态。使用'小康'这个概念来确立中国的发展目标，既符合中国发展实际，也容易得到最广大人民理解和支持。"（习近平《在纪念孔子诞辰2565周年国际学术研讨会暨国际儒学联合会第五届会员大会开幕会上的讲话》）习近平总书记在致力于实现"全面小康"的同时，致力于实现中华民族伟大复兴的中国梦，致力于构建人类命运共同体，将古老的中华"大同梦"推向了崭新时代。为中国人民谋幸福，为中华民族谋复兴，为人类世界求大同，是习近平新时代中国特色社会主义思想的核心价值追求。在党的十九大报告中，习近平总书记说："大道之行，天下为公。站立在九百六十多万平方公里的广袤土地上，吸吮着五千多年中华民族漫长奋斗积累的文化养分，拥有十三亿多中国人民聚合的磅礴之力，我们走中国特色社会主义道路，具有无比广阔的历史舞台，具有无比深厚的历史底蕴，具有无比强大的前进定力。"引用《礼记·礼运》篇中"大同"的表述，表明中国共产党人遵循中华大道，恪守"天下为公"的大同理想，由此彰显了习近平新时代中国特色社会主义思想的鲜明特征，也为中国甚至人类世界带来了强大的正能量。

十九大报告在中华民族五千多年历史长河中定位新时代中国人的神圣使命：共圆中华民族伟大复兴的中国梦。十九大报告精神可谓"道洽大同"。公天下的第一要务是"选贤与能"。所选干部必须德才兼备，任人唯贤，公道正派。必须识才、爱才、用才、容才、聚才，"聚天下英才而用之"，确信"人人皆可成才"，务求"人人尽展其才"。无信不立，贵在修睦。就"讲信"而言，要注重诚信建设，反对欺诈拐骗，提高政府公信力。就"修睦"而言，要树立"中华民族共同体意识"，两岸四地乃至全球华人，共同弘扬中华文化，促进心灵契合，各民族要"像石榴籽一样紧紧抱在一起"，共同致力于中华民族伟大复兴。要讲仁爱，修己安人，既要"孝老爱亲"，又要"忠于祖国，忠于人民"；坚持"以人民为中心"，爱民、惠民、利民、富民、安民，一视同仁，平等对待。如此仁爱之道，推而广之，则要"幼有所育，学有所教，劳有所得，病有所医，老有所养，住有所居，弱有所扶"；构建养老、孝老、敬老政策体系，"健全农村留守儿童和妇女、老年人关爱服务体系"，实施"健康中国"战略。注重家庭伦理，坚持男女平等，各安其位，各尽所能，各得其所。就"货""力"而言，珍惜劳动成果，精准扶贫脱贫，将改革发展成果更多更公平地惠及全体人民，逐步实现共同富裕；"尽力而为，量力而行"，"人人尽责，人人享有"，劳有所得，反对不劳而获。就社会秩序而言，则要加强和创新社会治理，形成良好的社会秩序，让人民有获得感、幸福感、安全感，以修身为本，抓好领导干部"关键少数"，"打铁还须自身硬"，不谋私利，正风肃纪，知敬畏，存戒惧，守底线；建设平安中国，维护社会和谐稳定，确保国家长治久安，人民安居乐业，人类和平进步。

中国人民的梦想与各国人民的梦想相融相通，实现中华民族伟大复兴与构建人类命运共同体相辅相成，是中国和世界共同发展的大势所趋。这恰恰契合"大同"理念。2011年9月1日，习近平在中央党校秋季开学典礼上的讲话中强调："自古以来，中国先贤在对待民族、邦国的关系上，倡导以'协和万邦'即和平共处为邦交原则，以'天下大同'即共同社会理想为追求目标。"2014年3月27日，习近平在联合国教科文组织总部的演讲中提出："中华民族的先人们早就向往人们的物质生活充实无忧、道德境界充分升华的大同世界。"2014年3月28日，习近平在德国科尔伯基金会的演讲中指出，中华民族是爱好和平的民族。一个民族最深沉的精神追求，一定要在其薪火相传的民族精神中来进行基因测序。有着五千多年历史的中华文明，始终崇尚和平，和平、和睦、和谐的追求深深植根于中华民族的精神世界之中，融入中国人民的血脉之中。中国自古就有"国虽大，好战必亡"的箴言。"以和为贵""和而不同""化干戈为玉帛""国泰民安""睦邻友邦""天下太平""天下大同"等理念世代相传。基于此，2013年3月，习近平在莫斯科国际关系学院的演讲中，深刻阐释世界大势："各国相互联系、相互依存的程度空前加深，人类生活在同一个地球村里，生活在历史和现实交汇的同一个时空里，越来越成为你中有我、我中有你的命运共同体。"

人类正面临百年未有之大变局。国际格局和全球治理体系日益深刻变革，人类面临的挑战日益严峻，如何处理国与国之间、各种文明之间、人与自然之间的复杂关系，是决定人类前途命运的根本性难题。唯有凝聚共识的思想理念，才有拨开乌云破雾前行的穿透力；唯有明察秋毫的卓识洞见，方有乘风破浪引领前行的感召力。立于时代之潮头，继承中华传统"大同"理想，习近平的人类命运共同体理念，显示出一位卓越政治家的博大胸怀和高瞻远瞩，为事关人类前途命运的重大问题提供中国智慧、中国方案，为人类和平发展进步指出新的思路，描绘出新的蓝图，成为中国引领时代潮流、助力人类文明进步的鲜明旗帜。习近平在国际国内重要场合数次谈及"人类命运共同体"。十九大报告专论"坚持和平发展道路，推动构建人类命运共同体"，将高举"和平、发展、合作、共赢"的旗帜，建设"相互尊重、公平正义、合作共赢"的新型国际关系；要树立亲诚惠容理念，与邻为善，以邻为伴；要互相尊重，合作共赢，做世界和平的建设者，全球发展的贡献者，国际秩序的维护者，以"为人类作出新的更大的贡献"为使命，由此彰显了"天下为公"的"大同"理念，为当代国际关系发展描绘了新愿景，也为提升中国参与国际治理的能力、为人类作出更大的贡献提供了新思路。

近些年来，中国积极倡导实施"一带一路"国际合作，举办"一带一路"国际合作高峰论坛，发起创办亚洲基础设施投资银行，设立丝路基金等，积极搭建共建共享的全球合作平台，为世界发展增添了新的动力；努力加大对发展中国家特别是最不发达国家援助的力度，促进缩小南北发展差距；举办亚洲文明对话大会，以实际行动为构建人类命运共同体承担中国责任，贡献中国力量，同世界各国合作共赢，共同创造人类的美好未来；"一带一路"倡议及"人类命运共同体"思想正式写入联合国安理会涉阿决议，充分展示了和合共生、标本兼治的中国智慧，必将加速中国梦与世界梦相融相通的时代进程，开辟出一条合作共赢、共建共享的文明发展新道路。

经典中的「大同」

一、天下为公

《六韬·文韬·文师》

【作者简介】

姜望，即姜太公，商末周初人，姜姓，名尚，一名望，字子牙，别号飞熊，因其先祖辅佐大禹治水有功被封于吕，故以吕为氏，也称吕尚。我国古代杰出的政治家、军事家、韬略家。

【选文】

文王①乃斋三日，乘田②车，驾田马，田于渭阳③。卒见太公，坐茅以渔。

文王劳而问之曰："子乐渔邪？"

太公曰："臣闻君子乐得其志，小人乐得其事。今吾渔，甚有似也，殆非乐之也。"

文王曰："何谓其有似也？"

太公曰："钓有三权④：禄等以权，死等以权，官等以权。夫钓以求得也，其情深，可以观大矣。"

文王曰："愿闻其情。"

太公曰："源深而水流，水流而鱼生之，情也；根深而木长，木长而实生之，情也；君子情同而亲合，亲合而事生之，情也。言语应对者，情之饰也；言至情者，事之极也。今臣言至情不讳，君其恶之乎?"

文王曰:"惟仁人能受(至)谏,不恶至情,何为其然?"

太公曰:"缗⑤微饵明,小鱼食之;缗调饵香,中鱼食之;缗隆饵丰,大鱼食之。夫鱼食其饵,乃牵于缗;人食其禄,乃服于君。故以饵取鱼,鱼可杀;以禄取人,人可竭;以家取国,国可拔;以国取天下,天下可毕⑥。呜呼!曼曼绵绵⑦,其聚必散;嘿嘿昧昧⑧,其光必远。微哉!圣人之德,诱乎独见。乐哉!圣人之虑,各归其次,而立敛⑨焉。"

文王曰:"立敛何若而天下归之?"

太公曰:"天下非一人之天下,乃天下之天下也。同天下之利者,则得天下;擅⑩天下之利者,则失天下。天有时,地有财,能与人共之者仁也。仁之所在,天下归之。免人之死,解人之难,救人之患,济人之急者,德也。德之所在,天下归之。与人同忧同乐,同好同恶者,义也。义之所在,天下赴之。凡人恶死而乐生,好德而归利,能生利者,道也。道之所在,天下归之。"

文王再拜曰:"允⑪哉,敢不受天之诏命乎!"乃载⑫与俱归,立为师。

【注释】

①文王:即周文王,姓姬,名昌,周太王之孙,季历之子,商末周部族的领袖,周朝奠基者。

②田:通"畋"(tián),打猎。

③渭阳:渭水北岸。渭,渭水,今称渭河,是黄河最大的支流。阳,水的北面。

④权：权谋，权术。

⑤缗（mín）：古时穿铜钱用的绳子，此指钓鱼绳或钓丝。

⑥毕：古时田猎所用之网，此处意为取得。

⑦曼曼绵绵：曼曼，同"漫漫"，幅员广阔无际。绵绵，持续长久。

⑧嘿嘿昧昧：嘿嘿，同"默默"，寂然无声，默默无闻。昧昧，淳厚朴实，不动声色，不显露于外。

⑨敛：聚集。

⑩擅：专擅，独享。

⑪允：诚然，信然。

⑫载：乘坐，此指文王把太公请上车。

【翻译】

周文王斋戒了三天，然后乘坐猎车，驾着猎马，到渭水北岸去打猎。终于见到了姜太公，太公正坐在长满茅草的河岸钓鱼。

文王上前慰劳并询问："先生乐于钓鱼吗？"

太公回答说："我听说君子乐于实现自己的志向，普通人乐于做好自己的事情。我现在钓鱼，与此甚为相似，并非真正乐于钓鱼。"

文王问："这两者之间何以见得有相似之处呢？"

太公回答说："钓鱼类似于人事，有三种权术：用厚禄收买人才，用重金收买死士，用官职招揽人才，三者都如同用饵钓鱼。凡是垂钓都是为了得鱼，其中的道理深奥，从中可以看出大道理来。"

文王说："我希望听听其中的情理。"

太公回答说："水的源头深，则水流不息，水流不息则鱼类生存其中，这是自然的情理；树的根须深则枝叶茂盛，枝叶茂盛则果实能结成，这也是自然的情理；君子情投意合就能亲密合作，亲密合作事业就能取得成功，这也是自然的情理；用花言巧语来应对，是用来掩饰真情的；能说真情讲实话，才是最佳的成事之道。我今天毫无隐讳，说的都是真情实话，恐怕会引起您的厌烦吧？"

文王回应道："只有具备仁德的人，才能接纳直率的规谏，而不厌恶真情实话。我怎么会厌烦呢？"

太公说："如果钓丝细微，鱼饵可见，那么，小鱼就会上钩；假如钓丝适中，鱼饵味香，那么，中等鱼就会上钩；倘若钓丝粗长，鱼饵丰盛，那么，大鱼就会上钩。鱼要是贪吃香饵，就会被钓丝牵住；人享有君主俸禄，就会服从于君主。所以，用香饵钓到鱼，鱼便可供享用；用爵禄获得人才，人才就能竭尽全力为其所用；以家为基础取国，国就能被拔除其害；以国为基础取天下，天下就可全部赢得。可叹啊！国土广阔，国祚持续长久，它所积聚起来的东西必将烟消云散；默默无闻，淳厚朴实，不动声色地暗中准备，其光芒必将照亮远方。微妙啊！圣人的德化，就在于以其独有的见识潜移默化地诱导人心。快乐啊！圣人所思所虑，就在于天下人人各得其所，而制定出各种凝聚人心之方。"

文王问道："该采用什么办法才能使天下归服呢？"

太公回答说："天下不是一个人的天下，而是天下所有人共有的天下。能同天下所有人共享天下利益的，就可以赢得天下；独占天下利益的，就会失掉天下。天有四时，地有财富，能和人们共同享用的，就是仁道。仁道在，天下之人就会归附。能免除人们的死亡，解除人们的苦难，消除人们的祸患，解救人们的危急，就是恩德。恩德在，天下之人就会归附。能与人们同忧同乐、同好同恶的，就是道义。道义所在，天下之人就会争相归附。大概人们无不厌恶死亡而乐于生存，喜欢恩德而求取利益，能为天下人求得利益的，就是王道。王道在，天下之人就会归附。"

文王再次拜谢后说："诚信呵！先生讲得太好了。我怎敢不接受上天的旨意呢！"于是，文王把太公请上车，一起回到国都，并拜太公为师。

【解读】

本篇通过记述周文王遇到姜太公并最终拜其为师的故事，由浅入深，层层递进。姜太公以钓鱼为题，提出了推翻商王朝以取得天下的战略问题，阐明了"天下非一人之天下，乃天下之天下也"的重要命题，认为"同天下之利者，则得天下；擅天下之利者，则失天下"，只要做到"仁""德""义""道"，就会"天下归之"。姜太公既提出了取天下的战略目标，又提出了取天下的措施和方法，形成了平天下的战略决策和行动纲领。

《六韬·文韬·盈虚》

【选文】

文王问太公曰："天下熙熙①，一盈一虚②，一治一乱，所以然者，何也？其君贤不肖不等乎？其天时③变化自然乎？"

太公曰："君不肖，则国危而民乱；君贤圣，则国安而民治。

祸福在君，不在天时。"

文王曰："古之贤君可得闻乎？"

太公曰："昔者帝尧④之王天下，上世所谓贤君也。"

文王曰："其治如何？"

太公曰："帝尧王天下之时，金银珠玉不饰，锦绣文绮⑤不衣，奇怪珍异不视，玩好⑥之器不宝，淫佚之乐不听，宫垣屋室不垩⑦，甍桷椽楹⑧不斫，茅茨偏庭不剪。鹿裘御寒，布衣掩形，粝粱⑨之饭，藜藿⑩之羹，不以役作之故，害民耕织之时。削心约志，从事乎无为⑪。吏忠正奉法者尊其位，廉洁爱人者厚其禄，民有孝慈者爱敬之，尽力农桑者慰勉之，旌别淑慝⑫，表其门闾⑬，平心正节，以法度禁邪伪。所憎者，有功必赏；所爱者，有罪必罚。存养天下鳏寡孤独，赈赡祸亡之家。其自奉也甚薄，其赋役也甚寡。故万民富乐而无饥寒之色，百姓戴其君如日月，亲其君如父母。"

文王曰："大哉！贤君之德也。"

【注释】

①熙熙：纷扰杂乱的样子。

②盈：充满。虚：空虚。盈虚意指盛衰。

③天时：天地自然变化衍变的时序，此处意为天命。

④帝尧：传说中上古部落联盟领袖，古代贤明帝王，号陶唐氏，史称唐尧、帝尧，通过禅让制由舜继位。

⑤锦绣文绮（qǐ）：指做工精细华丽漂亮的丝织品。

⑥玩好：供欣赏玩乐的奇珍异宝。

⑦垩（è）：用白色涂料粉刷。

⑧甍（méng）：屋脊。桷（jué）：横排在屋梁上的方形木条。椽（chuán）：椽子。楹：厅堂前部的大柱子。

⑨粝（lì）粱：粗劣的粮食。

⑩藜（lí）藿（huò）：野生粗劣的菜蔬。藜：一年生草本植物，也叫灰菜。藿：豆类植物的叶子，嫩时可食。

⑪无为：道家政治哲学思想的重要命题。指顺应自然，效法天地，以清静求安定。

⑫淑：善良，美好。慝（tè）：邪恶，罪恶。

⑬闾：里巷的大门。

【翻译】

文王问太公说："天下纷扰杂乱，有时强盛起来，有时衰弱下去，有时安宁稳定，有时混乱不堪，之所以如此，是什么缘故呢？是由于君主贤明与不肖所致呢？还是因为天命变化自然递嬗所致呢？"

太公回答说："君主若不贤，则国家危亡而民众叛乱；君主若贤明，则国家安定而民众顺服。所以，国家的祸福在于君主的贤明与否，而不在于天命之时变。"

文王问道："可以将古时圣贤君主的事迹讲给我听听吗？"

太公回答说："从前帝尧统治天下，上古的人都称道他为贤君。"

文王问道："帝尧是如何治理国家的？"

太公回答说："帝尧统治天下时，不用金银珠玉作饰品，不穿精细华丽的衣服，不观赏珍贵奇异的宝物，不珍视古玩宝器，不听淫逸的音乐，不粉饰宫殿墙垣，不雕饰甍桷椽楹，不修剪整饬庭院茅草。以鹿裘抵御寒冷，用粗布遮蔽身体，吃粗粮淡饭，喝野菜汤。不会因为征发劳役而耽误民众耕作纺织。约束自身的欲望，抑制自己的邪念，用清静无为治国理政。官吏中，忠诚正直守法的，就尊贵其崇高的地位；清廉爱护民众的，就增加其俸禄。民众中，有孝亲敬长、慈爱晚辈的，就给了敬重；尽其所能务农务桑的，就予以慰勉。区别善恶良莠，表彰善良人家，提倡平和心志，端正品德节操，用法令制度禁止邪恶诈伪。对自己所憎恶的人，若建立功勋必定给予奖赏；对自己所喜爱的人，若犯有罪行也必定进行处罚。赡养天下鳏、寡、孤、独之人，赈济遭受天灾人祸之家。至于帝尧本人，其生活相当俭朴，其征收赋税劳役极其微薄。因此，天下民众富足安乐而没有饥寒之色，百姓拥戴帝尧如同景仰日月，亲近帝尧如同亲近父母。"

文王说："伟大呀！帝尧这位贤君的德行。"

【解读】

本篇的主旨是说明国家的治乱兴衰在于国君的贤明与否而不在于天时。如果国君贤明，便行贤明之政，国安民治，否则就会国危民乱。接着以贤君帝尧为例，进一步阐明要达到国安民治的措施，作为国君必须用清静无为治国理政，清廉正己，爱护民众，生活俭朴，轻徭薄赋，奖励农桑，赏功罚罪，赡养鳏寡孤独等弱势群体。

《吕氏春秋·纪·孟春纪》

【作者简介】

吕不韦（前292—前235），姜姓，吕氏，名不韦，卫国濮阳（今河南滑县）人。战国末年著名商人、政治家、思想家，扶植秦国质子异人进入秦国政治核心。执政时对秦王嬴政兼并六国的事业有重大贡献。后因嫪毐集团叛乱事受牵连，被免除相邦职务。不久，秦王嬴政让其举家迁蜀，吕不韦饮鸩自尽。

【选文】

昔先圣王之治天下也，必先公。公则天下平矣，平得于公。尝试观于上志①，有得天下者众矣，其得之以公，其失之必以偏。凡主之立也，生于公。故《鸿范》②曰："无偏无党，王道荡荡；无偏无颇，遵王之义；无或③作好，遵王之道；无或作恶，遵王之路。"天下非一人之天下也，天下之天下也。阴阳之和，不长一类；甘露时雨，不私一物；万民之主，不阿④一人。伯禽⑤将行，请所以治鲁，周公⑥曰："利而勿利也⑦。"荆人有遗弓者，而不肯索，曰："荆人遗之，荆人得之，又何索焉？"孔子闻之曰："去其'荆'而可矣。"老聃⑧闻之曰："去其'人'而可矣。"故老聃则至公矣。天地大矣，生而弗子⑨，成而弗有，万物皆被其泽、得其利而莫知其所由始，此三皇五帝之德也。

【注释】

①上志：即古记，指古代典籍。

②《鸿范》：即《洪范》，是《尚书》中的一篇。

③或：有。

④阿：偏私。

⑤伯禽：姬姓，名禽，周公长子，周朝诸侯国鲁国首任国君。周公旦受封鲁国，但因辅佐周成王，故派伯禽代其受封鲁国。

⑥周公：姓姬，名旦，周文王姬昌第四子，周武王姬发之弟，成王之叔，辅佐成王，因其采邑在周，爵为上公，故称周公，是西周初期杰出的政治家、军事家、思想家、教育家，被尊为"元圣"。

⑦利：前一"利"为施利，后一"利"为谋利。

⑧老聃（dān）：即老子，姓李名耳，字聃，春秋末期人，道家学派创始人。

⑨子：意动用法，以为子。

【翻译】

从前，圣王治理天下，必定首先做到公正无私。若做到公正无私，那么天下就可以太平。天下太平，是由于公正而获得的。我曾经试着查看古代典籍的记载，发现能够得到天下的人相当多。他们能得到天下，凭借的是公正。相对地，他们失去天下，必定是因为偏私。凡是君主地位的确立，都是缘于公正。所以，《尚书·鸿范》篇说："不偏私，不结党，王道平坦而宽阔；不偏私，不偏颇，遵循先王所守道义；没有施行小恩小惠，遵照先王所守法则；没有胡作非为，遵照先王所循之路。"天下不是一个人的天下，是天下人的天下。阴阳的调和，不仅仅使某一类物种得以生长；及时的雨水甘露，不是私自为了某种生物而降下；万民的君主，不会对某一个人有所偏私。伯禽即将前往鲁国就任国君，向周公请教治理鲁国之道，周公说："要施利于百姓而不要向百姓谋利。"荆地有个人丢了一张弓，就是不肯找回它，并说："荆人丢了这张弓，由荆地的人捡到它，又为何要去寻找呢？"孔子听到了，就说："去掉'荆'字就适当了。"老子听到了则说："再去掉'人'字就更合适了。"所以说，老子是最为公正的。天地那么大，生育了人却不把人据为己有，成就了万物但是不占为己有，万物都受其恩泽、获其益处，却不知道这些恩泽和益处是由何而来的。这就是三皇五帝的品德啊。

【解读】

"天下非一人之天下也，天下之天下也"，故"圣王之治天下也，必先公"，这可作为对"天下为公"的精准阐释。

《潜书·大命》

【作者简介】

唐甄（1630—1704）原名大陶，字铸万，后更名甄，号圃亭，四川达州（今达县）人。明末清初思想家和政论家，与黄宗羲、顾炎武、王夫之合称为明末清初"四大启蒙思想家"。《潜书》是其主要代表作，凝聚着东方哲人智慧。

【选文】

唐子曰："天地之道故①平，平则万物各得其所。及其不平也，此厚则彼薄，此乐则彼忧。为高台者必有洿池②，为安乘③者必有茧足④。王公之家一宴之味，费上农一岁之获，犹食之而不甘；吴西之民，非凶岁为饘粥⑤，杂以莜秆之灰；无食者见之，以为天下之美味也。人之生也，无不同也。今若此，不平甚矣！提衡者权⑥重于物则坠，负担者前重于后则倾，不平故也。是以舜禹之有天下也，恶衣菲食⑦，不敢自恣⑧。岂所嗜之异于人哉？惧其不平以倾天下也！"

【注释】

①故：原来，本来。

②洿（wū）池：水塘，这里指低洼之地。

③安乘：舒适地乘车。

④茧足：长茧的脚。

⑤䴬（xiàn）粥：麦麸稀饭。䴬，麦粒磨碎后未筛分为面与麸的麦屑。

⑥权：衡器，这里是指秤砣。

⑦恶衣菲食：粗劣的衣食。形容生活俭朴。

⑧自恣（zì）：自我放纵，不受约束。

【翻译】

唐子说："本来，天地运行的轨迹是公平的，如果公平了，万物就各得其所。到了不公平时，有人富裕就有人贫穷，有人欢乐就有人忧愁。建起了高高的台子，则必然会出现相对低洼之地；有舒适地坐车的人，就必定有脚上长着厚茧的人。王公之家开一次宴会所享用的美味，就得花费一个上等农民一年的收获，即便如此，吃起来还觉得不够美味。吴西的农民，即使不是荒年，也只能吃麦麸稀饭，再拌上荞麦秆磨的粉。没有饭吃的人看到认为这是天下的美味呢。人刚出生的时候，根本没有什么不同。如今像这种情况，太不公平了！提起秤时，如果秤砣比货物重，秤砣就会掉下来；用扁担挑东西时，如果前面比后面重，扁担就会倾斜，都是因为不平衡的缘故。因此，舜、禹治理天下时，穿着粗糙的衣服，吃着劣质的食物，不敢自我放纵。难道他们吃穿的嗜好与常人有所不同吗？只是因为害怕由于不公平而失去天下啊！"

【解读】

本篇结合日常现象与上古圣王的治世表现，强调如果社会不公平，就必然引发一系列危及社会稳定的问题，呼吁统治者应在物质上顺应天地之道，尚"公平"而使万物各得其所，人人有饭吃，有衣穿，实现众人平等。故天下为公，则天下太平矣！

《尉缭子·治本》

【作者简介】

尉缭，生卒年不详，魏国大梁（今河南开封）人，姓失传，名缭。秦王政十年（前237）入秦被任为国尉，因称尉缭，著名的政治军事理论家。著有《尉缭子》。

【选文】

夫谓治者，使民无私也。民无私则天下为一家，而无私耕私织，共寒其寒，共饥其饥。故如有子十人，不加一饭；有子一人，不损一饭，焉有喧呼①耽酒②，以败善类乎？民有轻佻③，则欲心兴，争夺之患起矣。横生于一夫，则民私饭有储食，私用有储财。民一犯禁，而拘以刑治，乌在其为人上也？善政执其制，使民无私。为下不敢私，则无为非者矣。反本④缘理⑤，出乎一道，则欲心去，争夺止，囹圄⑥空，野充粟多，安民怀远，外无天下之难，内无暴乱之事，治之至也。

【注释】

①喧呼：喧闹呼叫。

②耽（dān）酒：极好饮酒。

③轻佻：指言语举动不庄重，不严肃；也谓行动不沉着，不稳重。

④反本：复归本源或根本。也指返归本性，归于自然。

⑤缘理：遵循事理。

⑥囹圄：指牢狱、监狱。

【翻译】

所谓良好的政治，在于教化民众不要自私。如果民众不自私，天下就如同一家人，而不必进行私耕私织，大家都把别人的寒冷当作自己的寒冷，把别人的饥饿当作自己的饥饿。因此，一个人若有了十个孩子，也不会由此加重生活负担；即使只有一个孩子，也不会因此减轻其社会责任。这样一来，人们哪里还会喧闹呼叫嗜酒作乐，以致败坏良好风尚呢？如果民众言行举止不庄重，私欲就会产生，争权夺利的祸患就会随之而起。如果有一个人违背了这种无私的准则，别人也跟着他把粮食储藏起来供自己吃，把财物储藏起来供自己用，发展下去就会犯禁了。而民众一旦犯禁，就会被逮捕治罪，这怎能配得上为万民之首呢？好的政治，就是坚守准则，教育民众不要自私。民众不敢自私，就没有为非作歹的人了。如果人们恢复纯朴本性，遵循事理，那么，个人私欲就会消除，争斗强夺行为就会停止，监狱里就会没有囚犯，劳动者就会遍布田野，生产的食物就会增多，民众就会生活安定，远方的民众就会得到关怀，外无天下之祸患，国内无暴乱事件，那就天下大治了。

【解读】

本篇所言乃是"使民无私"所可能产生的理想愿景，是一种朴素原始的大同社会。尽管此"民无私"在当时社会并不具有现实的可行性，但这一愿景体现了人们对"天下为一家""安民怀远"的"公天下"的向往。

《韩非子·安危》

【作者简介】

韩非（约前280—前233），韩桓惠王之子，世称韩非子。韩国都城新郑（今河南新郑）人。师从荀子，著有《韩非子》。战国时期思想家、哲学家，法家思想集大成者。

【选文】

安术：一曰，赏罚随①是非；二曰，祸福随善恶；三曰，死生随法度；四曰，有贤不肖而无爱恶；五曰，有愚智而无非誉；六曰，有尺寸而无意度②；七曰，有信而无诈。

【注释】

①随：跟着，这里是根据、依据的意思。

②意度：揣测，设想。

【翻译】

安定天下的方法：第一，依据是非定赏罚；第二，根据善恶定福祸；第三，根据法规定生死；第四，不以个人好恶定贤和不贤；

第五，人的愚和智是客观存在的，不根据人的诽谤或赞美来确定；第六，衡量事物有客观标准，不根据人的主观猜想来确定；第七，恪守信用而不可欺诈。

【解读】

韩非强调安定天下的标准要客观化，反对是非不辨，避免善恶不分，消除诽谤或谄媚，抵制主观臆断与欺骗，不以个人好恶为准则，这对于安天下的法律规章制度建设具有一定的借鉴意义。

《道德经·第七十七章》

【作者简介】

老子（约前571—前471），姓李名耳，字聃，一字或曰谥伯阳。出生于春秋时期楚国苦县厉乡曲仁里（今河南鹿邑县太清宫镇）。哲学家和思想家、道家学派创始人，被唐朝帝王追认为李姓始祖。老子乃世界文化名人，世界百位历史名人之一。其思想的精华是朴素的辩证法，其学说对中国哲学发展具有深刻影响。在道教中，老子被尊为道教始祖。老子与后世的庄子并称"老庄"。在修身方面，老子是道家性命双修的始祖，讲究虚心实腹、不与人争的修持。在政治上，老子主张无为而治、不言之教。在权术上，老子讲究物极必反之理。

【选文】

天之道①，其犹张弓②与？高者抑③之，下者举之；有余者损之，不足者补之。天之道，损有余而补不足。人之道④则不然，损不足以奉^⑤有余。孰能有余以奉天下？唯有道者。是以圣人为而不恃，功成而不处^⑥，其不欲见^⑦贤。

【注释】

①天之道：自然规律，自然法则。

②张弓：拉弓。

③抑：压低。

④人之道：指人类社会的现实规则。

⑤奉：供奉，供养。

⑥处：占有，享有。

⑦见：同"现"，显现。

【翻译】

自然的法则，难道不像拉开弓弦一样吗？拉的弦位高了就压低它，拉的弦位低了就抬高它。把拉长的那部分缩短，把拉短的那部分加长。自然的法则就是削减富余的，补充不足的。人世的法则就不是这样了，总是减损那本来就已不足的去供养那些已经很富余的。谁能把自己多余的拿出来供养天下呢？只有真正奉行道的人。所以有道之人恩施天下却不以此自恃，成就功业却不居功自夸，他不想显现自己的贤能。

【解读】

把天道比作拉弓是老子一个绝妙的比喻，以此将自然法则与社会上一些人为做法进行对比。承认自然差异的存在，突出贵在均平调和。老子将人之道与天之道对举，所谓的"人"与天相悖已非"真人"。"真人"乃是顺应天道的"圣人"。"圣人为而不恃，功成而不处，其不欲见贤"，所言乃是圣人之道，其实也正是自然化生万物之道，即天道。所以，天道与圣人之道不二。"损有余而补不足"与当今倡导的"共同富裕"亦有异曲同工之妙。

《论语·雍也》

【作者简介】

孔子（前551—前479），子姓，孔氏，名丘，字仲尼，祖籍宋国栗邑（今河南夏邑），生于春秋时期鲁国陬邑（今山东曲阜）。孔子开创了私人讲学的风气，是儒家学派的创始人，思想家、教育家，与弟子周游列国14年，晚年修订"六经"，即《诗》《书》《礼》《乐》《易》《春秋》。相传他有弟子三千，其中贤人七十二。孔子去世后，其弟子及再传弟子把孔子及其弟子的言行语录和思想记录下来，整理编成儒家经典《论语》。

【选文】

子华①使于齐，冉子②为其母请粟。子曰："与之釜③。"请益④，曰："与之庾⑤。"冉子与⑥之粟五秉⑦。

子曰："赤之适齐也，乘肥马，衣轻裘。吾闻之也，君子周急⑧不继⑨富。"

原思⑩为之宰，与之粟九百⑪，辞⑫。子曰："毋⑬！以与尔邻里乡党⑭乎！"

【注释】

①子华：即公西赤，字子华，又称"公西华"，孔门七十二贤之一。

②冉子：即冉求，字子有，尊称"冉子"，春秋末孔门七十二贤之一，以政事著称，尤其擅长理财。

③釜：一釜合当时六斗四升。

④益：增加。

⑤庾：一庾合当时十六斗。

⑥与：给。

⑦秉：当时十斗为一斛，十六斛为一秉，一秉合一百六十斗。

⑧周急：救济处境穷迫的人。周，救济，补其不足。急，穷迫。

⑨继：接济，续其有余。

⑩原思：孔子弟子，名宪，字子思。孔子为鲁国司寇之时，尝以原思为宰。

⑪九百：此处没有出现量名，似为九百斗。

⑫辞：请辞。原思嫌孔子给得多，故请辞。

⑬毋：不要，孔子命原思不要推辞。

⑭邻里乡党：古时以五家为"邻"，二十五家为"里"，五百家为"党"，一万两千五百家为"乡"。此指家乡周围的百姓。

【翻译】

公西赤要出使齐国，冉求便为公西赤的母亲向孔子请求补助一些奉养的粟米。孔子说："给她一釜（约合六斗四升）。"冉求请求多给她一些，孔子说："再给她一庾（十六斗）。"冉求却给了公西赤的母亲五秉（八百斗）粟米。

孔子说："公西赤这次到齐国去，车前拉车的是高头肥马，身上穿着轻暖的皮袍。我听说，君子遇到穷困急迫的人应该救济，遇到富有的人便不必再让他更富有了。"

原思当了孔子府中的总管，孔子给他俸米九百斗。原思觉得太多了，就推辞。孔子说："不要推辞了，多余的就分给你的乡亲吧！"

【解读】

儒家讲仁爱，讲道义，并非不计财利，也并非不讲人情。公西赤家境富足，冉求却为公西赤家向孔子请求提供粟米，孔子宽厚，不愿直接拒人，不愿多给。冉求嫌给得太少请求孔子再多给一些，孔子不愿多加，只是多给了一点，实际上是表示不应当给。若公西赤家境贫寒，夫子必当自行接济之，用不着冉求来请求。与此形成鲜明对比的是，家境贫寒的原宪，觉得孔子给他的俸禄太多，不愿多要，孔子却执意多给，一方面出于对其工作的肯定，对其劳动所得的保护，常禄不可推辞；另一方面，出于对社会底层人民的关心，告诫原宪不必"藏于己"，可以将多余的粟米分给乡邻。这两件事放在一起讲述，以体现孔子的用财之道，赠与之道，即周急不继富。取与损益，各有所宜，此正是圣人之道合于"天之道"也。

《论语·季氏》

【选文】

季氏①将伐颛臾②。冉有、季路③见于孔子，曰："季氏将有事④于颛臾。"孔子曰："求！无乃尔是过与⑤？夫颛臾，昔者先王⑥以为东蒙主⑦，且在邦域之中矣，是社稷⑧之臣也，何以伐为⑨？"冉有曰："夫子⑩欲之，吾二臣者，皆不欲也。"孔子曰："求！周任⑪有言曰：'陈力就列⑫，不能者止。'危而不持，颠而不扶⑬，则将焉用彼相⑭矣？且尔言过矣！虎兕出于柙，龟玉毁于椟中⑮，是谁之过与？"冉有曰："今夫颛臾，固⑯而近于费⑰。今不取，后世必为子孙忧。"孔子曰："求！君子疾夫舍曰欲之而必为之辞⑱。丘也闻有国有家者⑲，不患寡而患不均，不患贫而患不安⑳。盖均无贫㉑，和无寡㉒，安无倾㉓。夫如是，故远人不服，则修文德以来之。既来之，则安之㉔。今由与求也，相㉕夫子，远人不服而不能来也，邦分崩离析㉖而不能守也，而谋动干戈㉗于邦内。吾恐季孙之忧，不在颛臾，而在萧墙㉘之内也。"

【注释】

①季氏：即季孙肥，姬姓，名肥，春秋鲁国大夫，谥康，史称"季康子"。

②颛臾（zhuān yú）：鲁国的属国，故城在今山东费县西北。

③冉有、季路：两人都为孔子的弟子，当时都是季康子的家臣。冉有，名求，字子有。季路，姓仲，名由，字子路。

④有事：指用兵，即军事行动。古代将祭祀和战争视为国之大事。当时季氏专制国政，与鲁哀公有极深的矛盾，唯恐颛臾为患而有助于鲁君，故欲抢先攻之。

⑤无乃尔是过与：恐怕该责备你吧？"无乃……与"相当于现代汉语的"恐怕……吧"。尔是过：责备你，即批评对方没尽到责任。是：结构助词。过：责备。与：同"欤"，句末语气词，表猜度。

⑥先王：指周之先王。

⑦东蒙主：主管祭祀蒙山的人。东蒙，即蒙山，在今山东蒙阴南。主，主管祭祀的人。

⑧社稷：祭祀土神和谷神的祭坛，这里指鲁国。有国者必立社稷，若国亡则祭坛被覆盖而废掉，故社稷为国家的象征。社，指土神。稷，指谷神。

⑨何以伐为：为什么要攻打它呢？何以，为什么。何以……为，为什么……呢？表反问语气。

⑩夫子：春秋时对长者、老师以及贵族卿大夫等人物的尊称，此指季康子。

⑪周任：上古时期一位史官。

⑫陈力就列：能施展自己才能，就接受职位；如若不能，就应辞去职务。陈，施展。就，担任。列，职位。

⑬危而不持，颠而不扶：盲人走路不稳却不去护持，跌倒了却不去搀扶。危，不稳，这里指站不稳。持，护持。颠，跌倒。扶，搀扶。

⑭相（xiàng）：搀扶盲人走路的人。

⑮虎兕出于柙，龟玉毁于椟中：此处将季氏比作虎兕，将颛臾比作龟玉，季氏讨伐颛臾就好比虎兕从笼子里出来伤人，颛臾被攻灭就好比龟玉在匣中被毁，会造成严重后果。随之将冉有、季路比作看管人，表明是看管人的失职。兕（sì），独角犀。柙（xiá），关猛兽的笼子。龟，龟板，用来占卜。玉，指玉瑞和玉器。玉瑞用来表示爵位，玉器用于祭祀。椟（dú），匣子。

⑯固：指城郭坚固。

⑰费（古读bì）：季氏的私邑，今山东费县。

⑱君子疾夫舍曰欲之而必为之辞：君子厌恶那些不肯说（自己）想要那样而偏要找借口的人。疾，痛恨。夫，代词，那种。舍，舍弃，撇开。辞，托辞，

寻找借口。

⑲有国有家者：有国土的诸侯和有封地的大夫。国，诸侯统治的政治区域。家，卿大夫统治的政治区域。

⑳不患寡而患不均，不患贫而患不安：不担心分的少，而是担心分配的不均匀；不担心生活贫穷，而担心生活不安定。钱穆认为"此两句当作不患贫而患不均，不患寡而患不安。下文云均无贫，承上句言。和无寡，安无倾，承下句言"。寡，指人口少。贫，指财物少。均，指各得其分。安，指上下相安。

㉑均无贫：财富分配公平合理，上下各得其分，就没有贫穷。

㉒和无寡：上下和睦，人民都愿归附，就没有人口少的现象。

㉓安无倾：国家安定，就没有倾覆的危险。

㉔既来之，则安之：本指招徕远人，并加以安抚。后多用于劝慰别人，指已经来了，就应该安下心来。来，通"徕"，招徕，归顺。安，使安居、安心。

㉕相（xiàng）：辅佐。

㉖分崩离析：崩塌解体，四分五裂。此处形容国家或集团分裂瓦解。分，分开，指民众怀有异心。崩，倒塌，指民众想要离开。离析，指不可复合。

㉗干戈：兵器的通称，后来引申为战争。干，盾牌。戈，戟，古代用来刺杀的一种长柄兵器。

㉘萧墙：古代宫室内作为屏障的矮墙，又称"屏"，又叫"照壁"。因古时臣子朝见国君，走到此必肃然起敬，故称"萧墙"。萧，古通"肃"，肃敬。

【翻译】

季康子将要讨伐颛臾。冉有、季路拜见孔子说："季康子准备对颛臾采取军事行动。"孔子说："冉有！我恐怕该责备你了。那颛臾，从前先王把他作为主管蒙山祭祀的，而且它地处鲁国境内。

这是鲁国的臣属，为什么要讨伐它呢？"冉有说："季康子要这么干，我们两个做臣下的都不愿意。"孔子说："冉有！史官周任有句话说：'能施展才能就担任那职位，不然就不担任那职务。'盲人遇到危险却不去护持，将要跌倒却不去搀扶，那何必要用那个做相的人呢？况且你的话错了，老虎和犀牛从笼子里跑出来，龟甲和玉器在匣子里被毁坏，这是谁的过错呢？"冉有说："如今颛臾城墙坚固而且靠近季氏的费城，现在不攻下，后世一定会成为子孙们的忧患。"孔子说："冉有！君子就厌恶那种不说自己想去做却偏要编造借口的人。我听说，有国的诸侯和有自己封地的士大夫，他们不担心财富不多而担忧分配不均匀，不担心民众不多而担忧不安定。因为财物分配公平合理，就没有贫穷；上下和睦，就不必担心人口少；社会安定，国家就没有倾覆的危险。依照这个道理，远方的人不归服，就发扬文治教化招徕他们；既然使他们归附了，就要使他们安定下来。如今你们两人辅佐季康子处理政务，远方的人不归服，却不能使他们归顺；国家四分五裂而不能保持它的稳定统一，反而在境内谋划挑起战事。我恐怕季孙氏的忧虑不在颛臾，而是在鲁国的宫廷之内啊！"

【解读】

孔子的"不患寡（贫）而患不均，不患贫（寡）而患不安"；"均无贫，和无寡，安无倾"；"远人不服，则修文德以来之，既来之，则安之"。这些是儒家的执政理念和治国大道。孔子阐释"均和而安"的原因是季氏将伐颛臾，冉有、季路作为协助季氏处理政务的臣子向孔子汇报此事。"季氏将伐颛臾"之事，发生于

"陪臣执国命"的鲁国。孔子恪守为国以礼，为政以德的政治主张，一贯反对"陪臣执国命"，《论语》中对孟孙氏、叔孙氏、季孙氏三桓的指责多有记载。孔子在最后阐释"均和而安"的政治主张，以此反对妄动干戈，其中蕴含的仁爱思想与政治智慧值得我们学习与继承。伐颛臾之事，并未见于经传，或许孔子苦口婆心的劝说起了作用。

《庄子·天地》

【作者简介】

庄子（约前369—前286），姓庄，名周，字子休（亦说子沐）。宋国蒙人。先祖是宋国君主宋戴公。中国战国时期著名的思想家、哲学家和文学家，是继老子之后，战国时期道家学派的代表人物。庄周因崇尚自由而不应楚威王之聘，生平只做过宋国地方的漆园吏。史称"漆园傲吏"，被誉为地方官吏之楷模。庄子最早提出的"内圣外王"思想对儒家影响深远。庄子洞悉易理，深刻指出"《易》以道阴阳"。庄子"三籁"思想与《易经》"三才"之道相合。代表作品为《庄子》，其中的名篇有《逍遥游》《齐物论》等。与老子齐名，并称为"老庄"。

【选文】

谆芒①将东之大壑②，适遇苑风③于东海之滨。苑风曰："子将奚之？"

曰："将之大壑。"

曰："奚为焉？"

曰："夫大壑之为物也，注焉而不满，酌④焉而不竭。吾将游焉！"

苑风曰："夫子无意于横目之民⑤乎？愿闻圣治。"

谆芒曰："圣治乎，官施⑥而不失其宜，拔举而不失其能，毕见其情事而行其所为⑦，行言自为⑧而天下化，手挠顾指⑨，四方之民莫不俱至，此之谓圣治。"

"愿闻德人⑩。"

曰："德人者，居无思，行无虑，不藏是非美恶。四海之内共利之⑪之谓悦，共给之⑫之谓安。怊乎⑬若婴儿之失其母也，傥乎⑭若行而失其道也。财用有余而不知其所自来，饮食取足而不知其所从，此谓德人之容⑮。"

"愿闻神人。"

曰："上神乘光⑯，与形灭亡，此谓照旷⑰。致命尽情，天地乐⑱而万事销亡⑲，万物复情，此之谓混冥⑳。"

【注释】

①谆芒：虚构的人物，"谆芒"寓含谆和、迷茫之意。

②东之大壑（huò）：向东去往大海。之，往，到。壑，指海。

③苑风：小风，这里是拟人化的人名。

④酌：舀取。

⑤横目之民：指人民。人的双眼横生于面部，故以"横目"代指人。

⑥官施：设置官吏，发布政令。官：用作动词，指设置官吏。施：发布政令。

⑦行其所为：做自己应做的事情。

⑧自为：自然得体，自己约束自己。

⑨手挠（náo）顾指：用手指挥，用眼示意。手挠，手指挥。顾指，用眼示意。

⑩德人：指德行充实之人，能体察于道，顺应外物，居安自得。

⑪共利之：共同以之为利，恩泽施及广大民众，共同享有好处。

⑫共给之：共同资给财货。

⑬怊（chāo）乎：悲哀怅惘的样子。

⑭傥（tǎng）乎：怅然自失的样子。

⑮容：仪容，相貌。

⑯上神乘光：至高无上之神驾驭光明。

⑰照旷：犹如普照万物。旷，广远。

⑱天地乐：与天地同乐。

⑲万事销亡：意思是不受物累。销亡，消失。

⑳混冥：无分无迹，无始无终，浑然一体，没有差别。

【翻译】

谆芒想要往东游历到大海，恰好在东海之滨遇到了苑风。苑风问他："你想要去哪里？"

谆芒说："我要去大海。"

苑风又问："你去那儿做什么呢？"

谆芒回答："大海呀，江河之水不停地往里面注入也不会满溢，不停地从中舀取也不会枯竭，因此我要去游历大海。"

苑风说："先生不想关心天下百姓吗？希望您讲讲圣人的治世之道。"

谆芒说："你想知道圣人的治世之道吗？官员施政没有不合乎时宜的，选拔举荐时不会遗漏有才能者，完全弄清事件的实情并做自己应做之事，言行自然得体而天下百姓化育，圣人挥手举目示意，四方百姓没有不聚拢而来的，这就叫作圣人的治世之道。"

苑风说："请您再讲讲有德之人吧。"

谆芒说："有德之人，安居不需思索，行动不需谋虑，胸中不怀是非美丑。看到所有的人共享其利就感到喜悦，看到所有的人都奉献就感到安乐。他悲哀惆怅就好像婴儿失去了母亲，他茫然时就如同行人迷失了方向。财富充足却不知是从哪里来的，饮食富余却不知道来自何处。这就是有德之人的仪容。"

苑风说："请您再讲讲神人吧。"

谆芒说："至高无上的神人用光来观照一切，没有形迹，这叫作普照天下。他顺天命，尽情理，与天地同乐，不为万物所累，万物复归自然本性，这就达到了与天地万物浑然一体的状态。"

【解读】

庄子描述了圣人治世之道与德人、神人的风骨，与儒家所描述的景象颇为神似。儒道两家同承中华圣道，"官施而不失其宜，拔举而不失其能，毕见其情事而行其所为，行言自为而天下化。手挠顾指，四方之民莫不俱至，此之谓圣治。""致命尽情，天地乐而万事销亡，万物复情"则与儒家的"万物一体之仁"同承《易》之"与天地合其德"，体现了中华圣学的大同思想精髓。

二、选贤与能

《论语·为政》

【选文】

子曰："视其所以[①]，观其所由[②]，察其所安[③]。人焉廋[④]哉？人焉廋哉？"

【注释】

①所以：所作所为。以，为，做。

②所由：所经由的道路。由，经由。

③所安：所存之心。安，存着，怀着。

④廋（sōu）：隐藏，藏匿。

【翻译】

孔子说："要注意看一个人的所作所为，观察他怎么去做，考察他所安于做的事情。他的为人怎么能隐藏得住呢？他的为人怎么能隐藏得住呢？"

【解读】

这是孔子教人的"观人之法"。观人与观己之法相通，以何观人也应以何观己。孔子提出，要从一个人做了什么事情，如何做事情，乐于做什么事情上考察。"选贤与能"既要重视其德性，又要注重其能力。要想彻底了解和确切把握一个人的德性与能力，就必须透过其形迹，即从做事上详加考察。由迹而观其心，由事而窥其意，这是识人的必经之路。

《孔子家语·儒行解》

【作者简介】

王肃（195—256），字子雍，东海郡郯县（今山东郯城）人，三国时期著名经学家，师从大儒宋忠，曾遍注群经，对今、古文经意加以综合。

【选文】

孔子在卫①，冉求言于季孙②曰："国有圣人而不能用，欲以求治，是犹却步而欲求及前人，不可得已。今孔子在卫，卫将用之。己有才而以资邻国，难以言智也，请以重币③迎之。"季孙以告哀公，公从之。

……哀公命席，孔子侍坐，曰："儒有席上之珍以待聘，夙夜强学以待问，怀忠信以待举，力行以待取。其自立有如此者……儒有内称不避亲，外举不避怨；程功④积事⑤，不求厚禄；推贤达能⑥，不望其报；君得其志，民赖其德；苟利国家，不求富贵。其举贤援能有如此者。"

【注释】

①卫：春秋时诸侯国名。周武王的弟弟康叔的封地。治所在今河南北部、河北南部一带。

②季孙：即季孙氏，春秋战国时，鲁国的卿家贵族。作为三桓之首，季孙

氏凌驾于公室之上，掌握鲁国实权。三桓，是凌驾于公室的鲁国贵族，出自鲁桓公，包括季孙氏、叔孙氏、孟孙氏。

③重币：厚礼，当时指贵重的玉、帛、马匹等物品。

④程功：衡量功绩。

⑤积事：累积功绩。

⑥达能：推荐有才能的人。

【翻译】

孔子周游到卫国，冉求对季孙氏说："我们国家有圣人却不能予以任用。这样做却还想治理好国家，就好像一个人倒着走却想追上在他前面的人一样，是不可能的。现在孔子在卫国，卫国将要任用他。我们国家有人才却被邻国重用，这可难说是明智之举啊。请您用厚礼把孔子迎回来。"季孙氏将冉求的建议禀告了鲁哀公，鲁哀公采纳了这一建议。

……鲁哀公让人设席，孔子陪坐在旁边，说："儒者如同席上的珍品，等待别人来享用；昼夜勤勉地学习，等待别人来求教；心怀忠厚诚信，等待别人来举荐；努力做事，等待别人来录用。儒者就是如此自修立身的……儒者举荐人才，对内不回避自己的亲属，对外不回避与自己有仇怨的人。度量功绩，积累功德，不谋求更高的禄位。推荐贤能的人，使之得到任用，不指望他们报答。国君任用贤能之人使其施展抱负，百姓仰仗其仁德而得以安康。倘若有利于国家，就不贪求个人的富贵。儒者就是如此举贤荐能的。"

【解读】

这是一篇孔子和鲁哀公的对话。文中生动地叙述了儒者应该具有什么样的道德品行。文中称儒者待聘、待问、待举、待取，但人格是自立的，态度是礼让的，是有待、有为、有准备的。儒者不宝金玉，不祈土地，不求多积，但讲求仁义、忠信。儒者不贪、不淫、不惧、不慑、不亏义、不更守，是刚毅的，是特立的。儒者怀仁而行，抱德而处，虽有暴政，也不逃避，精神是自立的。儒者处贫贱之中，屋小门敝，无衣无食，但不疑不诒。儒者稽古察今，今世人望，后世楷模，身危而志不能夺，忧国忧民，有忧思意识。儒者"内称不避亲，外举不避怨""推贤达能""苟利国家，不求富贵"。此文相对系统地讲述了儒家"选贤与能"的准则，阐释了儒家选贤举能而从政的境界。

《荀子·君道》

【作者简介】

荀子（前313—前238），名况，字卿，战国末期赵国人，曾游学于齐，当过楚国兰陵令。后来失官居家著书，死后葬于兰陵。荀子是中国古代的思想家、教育家，是先秦儒家最后的代表，朴素唯物主义思想集大成者。韩非和李斯都是他的学生。他反对迷信天命鬼神，肯定自然规律是不以人的意志为转移的，并提出"制天命而用之"的人定胜天的思想。他强调教育和礼法的作用，主张治理天下既要靠"法制"，又要重视教化兼用"礼"治，强调"行"对于"知"的必要性和后天学习的重要性，认为后天环境和教育可以改变人的本性。

【选文】

今人主有六①患：使贤者为之，则与不肖者规之；使知者虑之，则与愚者论之；使修士行之，则与污邪之人疑②之。虽欲成功，得乎哉？譬之，是犹立直木而恐其景之枉也，惑莫大焉。语曰："好女之色，恶者之孽也。公正之士，众人之痤也。循乎道之人，污邪之贼也。"今使污邪之人论其怨贼而求其无偏，得乎哉？譬之，是犹立枉木而求其景之直也，乱莫大焉。

故古之人为之不然。其取人有道，其用人有法。取人之道，参之以礼；用人之法，禁之以等。行义③动静，度之以礼；知虑取舍，稽之以成；日月积久，校之以功。故卑不得以临尊，轻不得以县④重，愚不得以谋知，是以万举不过也。故校之以礼，而观其能安敬也；与之举错⑤迁移，而观其能应变也；与之安燕⑥，而观其能无流慆⑦也；接之以声色、权利、忿怒、患险，而观其能无离守也。彼诚有之者与诚无之者若白黑然，可诎邪哉？故伯乐⑧不可欺以马，而君子不可欺以人。此明王之道也。

人主欲得善射，射远中微者，县⑨贵爵重赏以招致之，内不可以阿子弟，外不可以隐远人，能中是者取之，是岂不必得之之道也哉！虽圣人不能易也。

【注释】

①六：当为"大"字之误。

②疑：通"拟"，揣度，估量。

③行义：品行，道义。

④县：古"悬"字，衡量。古代的权衡类似现代的天平，所以轻的砝码无

法衡量重的物体。此文的"轻""重"喻指权势。

⑤举错：采取措施。错，通"措"。

⑥燕：通"宴"，安闲。

⑦流慆（tāo）：放荡享乐的意思。

⑧伯乐：春秋秦穆公时人，姓孙，名阳，善于相马。

⑨县：同"悬"，悬挂，指挂出布告公开昭示。

【翻译】

现在的君主有个大毛病：让贤能的人去做事，却和不贤的人去限制他；让明智的人去考虑问题，却和愚蠢的人去评判他；让品德美好的人去干事，却和肮脏邪恶的人去评估他。像这样，虽然想成功，能办得到吗？打个比方，这就好像是竖起一根笔直的木头而怕它的影子弯曲，没有比这个更糊涂的了。俗话说："美女的姿色，是丑陋者的灾祸。公正的贤士，是众人的疖子。遵循道义的人，是肮脏邪恶者的祸害。"现在让肮脏邪恶的人来评判他们的冤家祸根而要求他们没有偏见，能办得到吗？打个比方，这就好像竖起一根弯曲的木头而要求它的影子笔直，没有比这个更昏乱的了。

古代的君主做事就不是这样。他挑选人有一定的原则，他任用人有一定的法则。挑选人的原则，是用礼制去检验他们；任用人的法则，是用等级差别去限制他们。对他们的品行举止，用礼制来衡量；对他们的智慧以及赞成或反对的意见，用最后的成果来考查；对他们日积月累的长期工作，用取得的功绩来考核。所以，地位卑下的人不能凌驾于地位高贵的人之上，权势轻微的人不能凌驾于掌有大权的人之上，愚蠢的人不能凌驾于明智的人之上，因此一切举措都不会失误。所以用礼制来考核他，看他是否能安泰恭敬；给他上下调动来回迁移，看他是否能应付裕如；让他安逸舒适，看他是否能不放荡淫乱；让他接触音乐、美色、权势、财利、怨恨、愤怒、祸患、艰险，看他是否能不背离节操。这样，那些真正有德才的人与的确没德才的人就像白与黑一样判然分明，还能进行歪曲吗？所以伯乐不可能被劣马所欺骗，而君子不可能被坏人所欺骗。以上这些就是英明帝王的用人之道。

君主若想得到善于射箭的人，那射得远而能命中微小目标的人，就用高贵的爵位和厚重的奖赏来招引他们。对内不可以偏袒子弟，对外不可以埋没关系疏远的人。能射中这样的目标的人，就录用他，这难道不是必能得到人才之道吗？即使是圣人也不能改变它。

【解读】

本篇阐述为君用人之道。人主无不希望国家强大昌盛，而实现这些目标的捷径是选用贤能之人为相。使用贤能之人时必须给予充分信任，使其充分发挥能力。荀子认为，人主不可任人唯亲，金石珠玉可以赏给亲近者，而官职则不行。任职者若无能力，则君臣必定一起灭亡。

《吕氏春秋·览·慎大览》

【选文】

有道之士，固骄人主；人主之不肖者，亦骄有道之士。日以相骄，奚时相得？若儒墨之议与齐荆之服矣。贤主则不然。士虽骄之，而己愈礼之，士安得不归之？士所归，天下从之帝。

【翻译】

天下有道之士，本来就傲视君主；不贤明的君主，也会傲视有道之士。他们天天这样互相傲视，何时才能相得益彰呢？这就如同儒墨两家各持己见，齐荆两地的人各穿己服一样。贤明的君主就不是这样。士虽然傲视君主，贤主却应更加礼待士人。倘若如此，士人怎么能不归附呢？士人归附了，天下人也就会如影随形地归附。这样的人，就可以成为帝王。

【解读】

本篇指出"天有道之士，固骄人主"的特质，而不贤明的君主则"骄有道之士"。日以相骄，不贤的君主得不到贤人辅佐，必然无法走上贤明的道路。贤人也因此得不到应有的任用，无法尽其所能。得有道之人，天下归附，且有道之人，为天下至贵，所以，君主放下自己高贵的姿态，礼贤下士，则是至公。

《吕氏春秋·览·先识览》

【选文】

凡国之亡也，有道者必先去，古今一也。地从于城，城从于民，民从于贤。故贤主得贤者而民得，民得而城得，城得而地得。夫地得岂必足行其地、人说其民哉？得其要而已矣。夏太史令①终古②出其图法③，执而泣之。夏桀迷惑，暴乱愈甚。太史令终古乃出奔如商。汤喜而告诸侯曰："夏王无道，暴虐百姓，穷其父兄，耻其功臣，轻其贤良，弃义听谗，众庶咸怨，守法之臣，自归于商。"

【注释】

①太史令：掌管典册、祭祀、天文历法的史官。

②终古：夏朝末年太史令，是中国历史上首位留名的史官。

③图法：图谶、法典之类的书籍。

【翻译】

大凡国家濒临灭亡的时候，有道之人必定会事先离开，自古迄今莫不如此。土地的归属取决于城邑的归属，城邑的归属取决于人民的归属，人民的归属取决于贤人的归属。所以，贤明的君主得到贤人辅佐，自然就得到人民了；得到人民，城邑自然就得到了；得到城邑，土地自然就得到了。土地的获得难道一定要君主亲自巡视那里、一定要亲自劝说那里的人民吗？只要抓住根本就足够了。夏朝的太史令终古拿出法典，抱着哭泣。夏桀执迷不悟，暴虐荒淫更加厉害。终古于是出逃投奔商汤。商汤高兴地告诉诸侯说："夏王无道，残害百姓，逼迫父兄，侮辱功臣，轻慢贤人，抛弃礼义，听信谗言，众人都怨恨他，他的掌管法典的臣子已自愿归顺商了。"

【解读】

所谓得民或是得贤皆是贵在得人心。本篇不仅阐释了"得民心者得天下"，而且指出了"得民心"的关键在于得贤人之心。终古离夏投商，展现了贤人之心所向，此即意味着民心所向，天下大势所趋。

《墨子·尚同上》

【作者简介】

墨子（约前468—前376），姓墨，名翟，春秋末期战国初期宋国人，一说鲁阳人，一说滕国人。墨子是宋国贵族目夷的后代，生前担任宋国大夫。他是墨家学派的创始人，也是战国时期著名的思想家、教育家、科学家、军事家。墨家在先秦时期影响很大，与儒家并称"显学"。他提出了"兼爱""非攻""尚贤""尚同""天志""明鬼""非命""非乐""节葬""节用"等观点。以兼爱为核心，以节用、尚贤为支点。墨子在战国时期创立了以几何学、物理学、光学为突出成就的一整套科学理论。在当时的百家争鸣时期，有"非儒即墨"之说。墨子死后，墨家分为相里氏之墨、相夫氏之墨、邓陵氏之墨三个学派。其弟子根据墨子生平事迹的史料，收集其语录，完成了《墨子》一书并传世。

【选文】

夫明虖①天下之所以乱者，生于无政长。是故选天下之贤可者，立以为天子。天子立，以其力为未足，又选择天下之贤可者，置立之以为三公。天子、三公既以立，以天下为博大，远国异土之民，是非利害之辩，不可一二而明知，故画分万国，立诸侯国君。诸侯国君既已立，以其力为未足，又选择其国之贤可者，置立之以为正长②。

【注释】

①虖：通"乎"。

②正长：即"政长"，行政长官。

【翻译】

明白了天下之所以混乱的原因，是由于没有君主或行政长官。所以，人们就推选天下的贤人，将其立为天子。立为天子之后，由于他的力量还不够，因而又选择天下的贤能之人，将他们立为三公。天子、三公已确立，又因为天下地域广大，他们对于远方异邦的人民，以及是非利害的辨别，还不能一一了解知晓，所以又把天下划分为无数诸侯国，然后设立诸侯国君。诸侯国君已确立，由于他们的力量还不够，又在他们国内选择一些贤能的人，把他们立为行政长官。

【解读】

"选天下之贤可者，立以为天子"，"选择天下之贤可者，置立之以为三公"，"选择其国之贤可者，置立之以为正长"，墨子之选贤主张在当时可谓达到极致，从天子到诸侯国的行政长官皆要选贤可者。这在上古社会颇具前瞻性、革命性的意义。

《墨子·尚贤上》

【选文】

子墨子言曰："今者王公大人为政于国家者，皆欲国家之富，人民之众，刑政之治。然而不得富而得贫，不得众而得寡，不得治而得乱，则是本失其所欲，得其所恶。是其故何也？"子墨子言曰："是在王公大人为政于国家者，不能以尚贤事能为政也。是故国有贤良之士众，则国家之治厚；贤良之士寡，则国家之治薄。故大人之务，将在于众贤而已。"

曰："然则众贤之术将奈何哉？"子墨子言曰："譬若欲众其国之善射御之士者，必将富之、贵之、敬之、誉之，然后国之善射御之士，将可得而众也。况又有贤良之士厚乎德行，辩乎言谈，博乎道术者乎！此固国家之珍而社稷之佐也，亦必且富之、贵之、敬之、誉之，然后国之良士，亦将可得而众也。"是故古者圣王之为政也，言曰："不义不富，不义不贵，不义不亲，不义不近。"是以国之富贵人闻之，皆退而谋曰："始我所恃者，富贵也。今上举义不辟[①]贫贱，然则我不可不为义。"亲者闻之，亦退而谋曰："始我所恃者，亲也。今上举义不辟疏，然则我不可不为义。"近者闻之，亦退而谋曰："始我所恃者，近也。今上举义不辟远，然则我不可不为义。"远者闻之，亦退而谋曰："我始以远为无恃，今上举义不辟远，然则我不可不为义。"逮至远鄙郊外之臣、门庭庶子[②]、国中之众、四鄙之萌人[③]闻之，皆竞为义。是其故何也？曰：上之所以使下者，一物也；下之所以事上者，一术也。譬之富者，有高墙深宫，墙立既，谨上为凿一门。有盗人入，阖其自入而求之，盗其无自出。是其故何也？则上得要也。

故古者圣王之为政，列德而尚贤。虽在农与工肆之人，有能则举之。高予之爵，重予之禄，任之以事，断予之令。曰：爵位不高，则民弗敬；蓄禄不厚，则民不信；政令不断，则民不畏。举三者授之贤者，非为贤赐也，欲其事之成。故当是时，以德就列，以官服事，以劳殿[④]赏，量功而分禄。故官无常贵而民无终贱。有能则举之，无能则下之。举公义，辟私怨，此若言之谓也。

故古者尧举舜于服泽之阳，授之政，天下平。禹举益于阴方之中，授之政，九州成。汤举伊尹于庖厨之中，授之政，其谋得。文王举闳夭、泰颠于罝⑤罔之中，授之政，西土服。故当是时，虽在于厚禄尊位之臣，莫不敬惧而施；虽在农与工肆之人，莫不竞劝而尚意。故士者，所以为辅相承嗣也。故得士则谋不困，体不劳，名立而功成，美章⑥而恶不生，则由得士也。是故子墨子言曰："得意，贤士不可不举；不得意，贤士不可不举。尚欲祖述尧舜禹汤之道，将不可以不尚贤。夫尚贤者，政之本也。"

【注释】

①辟：通"避"，避开。

②庶子：此指诸侯之同族与卿大夫之子。

③萌人：民人。

④殿：定。

⑤罝（jū）：捉兔的网，泛指捕兽的网。

⑥章：通"彰"，彰显。

【翻译】

墨子说："现在，治理国家的王公大人，都希望国家富强起来，人民数量众多，刑政治理有效，然而，国家没有富强起来反而变得贫困，人口没有增多反而减少，刑政没有得以治理反而变得混乱，这些从根本上说是令人大失所望的，变得令人深恶痛绝。这究竟是什么原因呢？"墨子说："这是因为王公大人治理国家，不能做到尊贤使能。在一个国家中，如果贤良之士众多，那么，国家治理的成就就大；如果贤良之士少，那么国家治理的成就就小。所以王公大人的当务之急，是如何使贤人增多。"

问："那么，将用什么办法使贤人增多呢？"墨子回答："譬如要使一个国家善于射箭驾车的人增多，就必须使他们富裕，使他们显贵，使他们获得尊敬和赞誉，这样一来，国家善于射箭驾车的人就可以增多了。何况还有贤良之士，有德行淳厚、言谈善辩、道术宏博的人呢！他们确实是国家的珍宝、社稷的良佐呀！也必须使他们富裕，使他们显贵，让他们获得尊敬和赞誉，这样一来，国家的良士也就可以增多了。"所以，古时圣王为政，说道："不义的人不使他富裕，不义的人不使他显贵，不义的人不亲敬他，不义的人不接近他。"因此，国中（原本）富贵的人听到这个政令，都回来商议说："当初我所依靠的是富贵，现在上面举义而不避贫贱，那我不可不为义。"（原本与国君）有亲的人听到了，也回来商议说："当初我所倚仗的是与上有亲，现在上面举义而不避疏远，那我不可不为义。"（原本与国君）相近的人听到了，也回来商议说："当初我所倚仗的是与上相近，现在上面举义而不避远人，那我不可不为义。"（原本与国君疏远）的人听了，也回来商议说："当初我以为与上面太疏远而无所倚仗，现在上面举义而不避远，那我不可不为义。"一直到边远小邑及郊外的臣僚，宫廷宿卫人员，国都的民众，四野的农民听到了，都争先为义。这是什么原因呢？这是因为君上用来使唤臣下的是一件事，臣下用来侍奉君上的也是同一道理。这好比富人有高墙深宫，墙已经立好了，只在上面开一个门，有强盗进来了，关掉他进入的那扇门来捉拿他，强盗就无法出去了。这是什么原因呢？这是因为君王做事得其要领。

所以古时圣王治国理政，任德尊贤，即使是从事农业、手工或经商的人，有能力的就选拔他，给他高爵，给他厚禄，委以重任，赋予权力。即是说，如果爵位不高，民众对他就不会敬重；俸禄不厚，民众对他就不会信任；如果权力不大，民众对他就不会畏惧。拿这三种东西给贤人，并不是对贤人予以赏赐，而是要成就事业。所以在这时，根据德行任官，根据官职授权，根据功劳定赏，衡量各人功劳而分予禄位。所以做官的不会永远富贵，而民众不会永远贫贱。有能力的就加以举用，没有能力的就予以罢黜。举公平道义，避私人恩怨，说的就是这个意思。

所以，古时尧把舜从服泽之阳举荐出来，授予他为政的重任，结果天下大治；禹把益从阴方之中选拔出来，授予他为政的重任，结果天下统一；汤把伊尹从庖厨之中提拔出来，授予他为政的重任，结果谋略得以实行；文王把闳夭、泰颠从狩猎者中拔举出来，授予他为政的重任，结果西方的各个部落大服。所以在这些时候，即使处在厚禄尊位的大臣，没有不敬惧而施展的，即使处在农业与手工、经商地位的，没有不争相勉励而崇尚道德的。所以，贤士是用来作为辅佐和接替的人选的。因此，得到了士，计谋就不会受挫，身体也不会劳累，名就而功成，良风美俗得以显扬，丑恶的社会风气就不会产生。这都是因为得到了贤士。所以墨子说道："得意之时不可不举用贤士，不得意之时也不可不举用贤士。如果想继承尧舜禹汤的大道，就不可不尚贤。尚贤是政治的根本所在。"

【解读】

本篇主要探讨尚贤与政治的关系，墨子提出尚贤乃"为政之本","举公义,辟私怨"为举贤之本,主张从各阶层中选拔真才实学之人,"举义不辟远","量功而分禄","有能则举之"。这其实就是尧舜禹汤的"选贤与能"之道。

三、讲信修睦

《论语·为政》

【选文】

子曰:"人而无信,不知其可也?大车无𫐐①,小车无𫐄②,其何以行之哉?"

【注释】

①大车无𫐐(ní):大车,牛车,是平地任载之车。车两旁有两长杠,古称辕。一横木缚两辕端,古称衡。一曲木缚横木下,古称轭(è)。牛头套曲木下,可使较舒适。𫐐则是联结辕与衡之小榫(sǔn)头。先于两辕端凿圆孔,横木两头亦各凿圆孔,与辕孔相对。𫐐为木制,外裹铁皮,竖串于辕与衡之两孔中,使辕与衡可以灵活转动。

②小车无𫐄(yuè):小车,轻车,驾四马。古代的战车和日常乘车,都是轻车。轻车车前中央有一辕,辕头曲向上,与横木凿孔相对,𫐄贯其中。横木下左右缚轭以驾马。内两马称骖,外两马称服。若车行遇拐弯,服马在外,转折改向,圆轭与衡间可活动,可以不损辕端,亦使车身安稳。

【翻译】

孔子说："人如果没有信誉，我不知他还能做得成什么？无论大车小车，如果车上的辕木与横木之间没有灵活的接榫，它们该怎么行进呢？"

【解读】

"輗"与"軏"对于一辆车而言尽管只是不大的部件，但其作用极其关键。如果无"輗"与"軏"，车辆就无法灵活行进。人与人之间不可以无"信"，恰如车辆不能无"輗"与"軏"一样。人立身处世，如果无法获得别人的信任，很难将人与人的心紧密联系起来，也很难在处理社会事务时灵活而又有余地。

《论语·尧曰》

【选文】

谨权量①，审法度②，修废官，四方之政行焉。兴灭国，继绝世，举逸民，天下之民归心焉。所重：民、食、丧、祭。宽则得众，信则民任焉，敏则有功，公则说。

【注释】

①量：斗斛，指量容积的标准。

②度：丈尺，指量长度的标准。

【翻译】

谨慎地统一规范度量衡，审定各项礼法制度，修复各项被废置的行政管理之事，天下的政令就会得以畅行无阻。复兴被灭亡了的国家，接续已断绝香火的家族，提拔任用隐逸在野的贤人志士，诚能如此，天下百姓就会真心归服了。治天下所重视的四件事：爱护民众、关心民之温饱、妥善对待丧事和祭祀活动。在上位的人宽厚就能得到众人的真心拥戴，诚信处事就能得到民众的信任，勤敏从事就能取得功效，天下为公百姓就会心悦诚服。

【解读】

本篇为《论语》的终篇，阐释了尧舜禹咨命之言与汤武誓师之意，意在呈现中华圣学核心思想价值的传承。"谨权量，审法度，修废官"意在加强与完善制度建设，各正其名，各安其位，各司其职，这样政令才能通达。"兴灭国，继绝世"言心怀仁德，帮助他人重建故国，延续文脉，人心必然归附。选贤与能，才尽其用，不使人才埋没，则人心必然信服。政治所重的当然是民生，民众的衣食住行、生养死葬以及祭奠追思，都是心系民众的体现，同时有助于培育民众的感恩之心和恭敬之心。执政者待民宽厚，与民交心，民众自然真心相待。勤勉机敏地做事自然会有所成就，以"天下为公"为准则做事，老百姓自然心悦诚服。这一段文字是对为政的诸多环节尤其是"讲信修睦"思想所作的精要阐述，可谓字字珠玑。

《道德经·第十七章》

【选文】

太上①，不知有之②；其次，亲而誉之；其次，畏之；其次，侮之。信③不足焉，有不信④焉。悠⑤兮，其贵言⑥。功成事遂，百姓皆谓"我自然"⑦。

【注释】

①太上：至上，最好，此指最好的君王。

②不知有之：人民不知有君王的存在。

③信：诚信，威信。

④信：相信，信任。

⑤悠：悠闲的样子。

⑥贵言：形容不轻易发号施令。贵，以……为贵，珍视。

⑦自然：自然而然，顺理成章，自己本来就如此。

【翻译】

最好的君王，人民并不知道他的存在；次等的君王，人民亲近他并赞誉他；再次等的君王，人民畏惧他；更次等的君王，人民轻蔑他。君王的诚信不足，人民就不会相信他。最好的君王悠闲自得，很少发号施令。等到成就了功业、事情顺遂时，老百姓都只是说："是我们自然而然、自己本来就如此。"

【解读】

"信不足焉，有不信焉。"表述得颇像当今的"信用银行"，只是这个银行的储户是君王。当君王的信誉不足时，就无法支取，也就无法得到人民的信任。"贵言"强调君王不要轻易发号施令，以免搅扰民众。即便施政取得了成就，也要让民众在不知不觉中享受这份恩惠。君王悠然自得，政绩还能无声无息地惠及民众，就是最佳的君王，这是老子理想中的乌托邦。

《道德经·第八十一章》

【选文】

信言①不美，美言②不信。善者③不辩④，辩者不善。知者不博，博者不知。圣人不积⑤，既⑥以为人己愈有，既以与人己愈多。天之道⑦，利而不害⑧。圣人之道，为而不争。

【注释】

①信言：由衷的话，真实可信的言论。信，真实。

②美言：华美之言，指巧言。美，美妙，漂亮。

③善者：言语行为善良的人。

④辩：巧辩，能说会道。

⑤不积：不自私，没有占有的欲望。积，积累，收藏。

⑥既：全部，都。

⑦道：法则，准则。

⑧利而不害：对万物有利而不伤害万物。利，对……有利。

【翻译】

真实可信的言论不华美，华美的言论不真实。善良的人不会花言巧语，花言巧语的人不善良。真正有智慧的人不求知识博杂，知识博杂的人未必有什么智慧。圣人并不私自积累，而是尽力帮助他人，别人过得越好他自己内心也越充实；他尽力给予别人，别人拥有的越多他自己越富足。自然的规律是给万事万物都带来利益，而不是损害它们。圣人的行为准则是有所作为，而与世无争。

【解读】

老子以"信言""善行""真知"为美，展示了圣人的追求。表面漂亮的言论未必是实话，表面有理有据的事未必是好事，表面上知识博杂却未必是真知。真正的信言发自内心而无须粉饰或装腔作势，真正的善行符合人心无须诡辩，真正的智慧在于一以贯之而不在于博杂。"圣人不积，既以为人己愈有，既以与人己愈多"体现了"为而不争"的精神，即以给予、奉献为需要的品格，而这种品格正是天地化生万物的品格，正是自然之道。

《荀子·强国》

【选文】

然则凡为天下之要，义为本而信次之。古者禹汤本义务信而天下治，桀纣弃义倍信①而天下乱。故为人上者，必将慎礼义，务忠信，然后可。此君人者之大本也。

【注释】

①弃义倍信：指不讲道义，不守信用。倍，通"背"，背弃。

【翻译】

显而易见，所有平治天下的要领，最根本的是道义，其次是守信用。古时候，夏禹、商汤立足道义，恪守信用，天下大治；与此相反，夏桀、商纣抛弃道义，不讲信用，天下大乱。所以，君主必须要慎重地恪守礼义，务求忠诚守信，然后可以安定天下。这是君主治国平天下最根本的原则。

【解读】

本段文字将夏禹、商汤时的"天下治"归因于"本义务信"，而将夏桀、商纣时的"天下乱"归因于"弃义倍信"。可见，天下的治乱缘于君主对信义的不同态度。所以，"本义务信"为君主治理国家的根本，这是很有见地的。

四、生民各得其所

《论语·公冶长》

【选文】

颜渊、季路侍。子曰："盍^①各言尔志。"子路曰："愿车马，衣轻裘^②，与朋友共，敝^③之而无憾^④。"颜渊曰："愿无伐善，无施劳^⑤。"子路曰："愿闻子之志。"子曰："老者安之，朋友信之，少者怀之^⑥。"

【注释】

①盍：何不。

②裘：皮衣。

③敝：坏，破旧。

④憾：怨恨。

⑤无伐善，无施劳：伐，夸张。劳，功劳。施，夸大。自己有仁德，不去炫耀。对别人有功劳，自己也不感到对人有所施予。另外一种解释是，劳，劳苦

之事。施，施加。这句话就可以解释为：不夸耀自己的德性，不将劳苦的事情施加给别人。二者皆通。

⑥老者安之，朋友信之，少者怀之：此三个"之"字，一说指人，老者我养之以安，朋友我交之以信，少者我怀之以恩。另说，三个"之"字指己，即孔子自指，安之，安我；信之，信我；怀之，怀我。

【翻译】

颜渊、子路侍立在孔子身旁。孔子说："你们何不各自谈一谈自己的志向？"子路说："我愿将自己的车马和衣服与朋友们共享，用坏了，我的心中也没有怨恨。"颜渊说："我愿自己有仁德，不去炫耀。对别人有功劳，自己也不感到对人有所施予。"子路说："我们想听听老师的志向！"孔子说："我愿奉养老者，能使他心安。我愿结交朋友，能使他信任。我愿现在的少年，对我能有所怀念。"

【解读】

子路的"义气"，颜渊的"德性"，夫子的圣人气象，于本章可见。子路轻财货重友情，颜渊重成己也成人。孔子所言之理想既平常又神妙，老者安，朋友信，少者怀，都是日常可及的，却又展现出一派生民各得其所的景象，与夫子之圣德内外一体，可谓神妙，一切宛如天地之化工。

《孔子家语·相鲁》

【选文】

孔子初仕，为中都宰①，制为养生送死之节：长幼异食，强弱异任，男女别涂，路无拾遗，器不雕伪。为四寸之棺，五寸之椁②，因丘陵为坟，不封不树。行之一年，而西方之诸侯则③焉。

定公④谓孔子曰："学子此法以治鲁国，何如？"孔子对曰："虽天下可乎，何但鲁国而已哉！"于是二年，定公以为司空⑤，乃别五土⑥之性，而物各得其所生之宜，咸得厥所。

先时，季氏⑦葬昭公⑧于墓道之南，孔子沟而合诸墓⑨焉。谓季桓子⑩曰："贬君以彰己罪，非礼也。今合之，所以掩夫子之不臣。"

由司空为鲁大司寇⑪，设法而不用，无奸民。

【注释】

①中都宰：中都地方长官。中都：春秋时鲁城，在今山东省汶上西。周代将有宗庙或有先君神主之城称作"都"。宰，古代官吏之称，此处是地方长官。

②椁（guǒ）：套在棺材外面的大棺材。棺木有两重，里面称"棺"，外面称"椁"。下葬有无椁，是身份和财富的体现。

③则：效法。

④定公：春秋末期鲁国国君鲁定公，姓姬，名宋，鲁襄公之庶子，昭公之弟，在位15年（前509—前494），谥号定。

⑤司空：中国古代掌水利、营建之事的官名。西周始置，春秋、战国时沿置。位次三公，与六卿相当，与司马、司寇、司士、司徒并称"五官"。

⑥五土：王肃注："一曰山林，二曰川泽，三曰丘陵，四曰坟衍，五曰原隰。"其中，"坟衍"指肥沃平旷的土地；"原隰"指广平低湿之地。

⑦季氏：即季平子。昭公在位期间，季平子执政专权。他为人跋扈，与其他卿大夫结怨。

⑧昭公：即鲁昭公（前560—前510），姬姓，名裯，一名稠、袑，春秋时

期鲁国第二十四位国君，前542—前510年在位。

⑨沟而合诸墓：挖沟将昭公与先君合为同一墓域。

⑩季桓子：即季孙斯（？—前492），春秋时鲁国卿大夫。

⑪大司寇：主管刑狱的长官，为六卿之一。

【翻译】

孔子刚做官时，担任中都地方长官。他制定了使老百姓生活有保障、死后得安葬的制度。提倡按照年龄长幼分食不同食物，根据能力大小担任不同职务，男女各行其道，在路上遗失的东西没人会拾取后据为己有，器物不求浮华雕饰。死人装殓的棺木厚四寸、椁木厚五寸，依着丘陵修墓，墓上不建高坟，不在坟墓周围种植松柏。这样的制度施行一年之后，西方各诸侯国纷纷效法。

鲁定公对孔子说："效法您的施政方法来治理鲁国，您看如何？"孔子回答说："就是天下也足以治理好，岂只是治理好鲁国呢！"孔子的施政方法在鲁国实施了两年，鲁定公便任命孔子做了司空。孔子根据土地的性质，把它们区分为山林、川泽、丘陵、坟衍、原隰五类，各种作物都种植在适宜的环境里，并且都生长得很好。

早前，季平子把鲁昭公葬在鲁国先君陵寝的墓道南面，使昭公不能和先君葬在一起，以发泄他对鲁昭公的私愤。孔子担任司空以后，派人开挖沟道把昭王的陵墓与鲁国先君的陵墓群连到了一起。孔子对季平子的儿子季桓子说："令尊将昭公葬离祖坟以处罚昭公，彰显的却是令尊的罪行。这是违背礼制的行为。现在把陵墓合到一起，就得以掩盖令尊的罪行。"

此后，孔子由司空升为鲁国的大司寇，虽然制定了法律却派不上什么用场，因为没有犯法的臣民。

【解读】

《相鲁》出自《孔子家语》一书，主要记述了孔子在鲁国为官时的举措。"长幼异食，强弱异任，男女别涂，路无拾遗，器不雕伪"与"别五土之性，而物各得其所生之宜，咸得厥所""设法而不用，无奸民"，展现了一派"大同"社会的气象。

《孟子·梁惠王上》

【作者简介】

孟子（前372—前289），名轲，字子舆（待考，一说字子车或子居）。战国时期鲁国人，鲁国庆父后裔。战国时期思想家、教育家，儒家代表人物，著有《孟子》一书。孟子继承并发扬了孔子的思想，成为仅次于孔子的一代儒家宗师，有"亚圣"之称，与孔子合称为"孔孟"。孟子幼年丧父，家庭贫困，曾受业于孔伋的学生。学成以后，以士的身份游说诸侯，想要推行自己的政治主张，到过梁国、齐国、宋国、滕国、鲁国。当时几个大国都致力于富国强兵，争取通过暴力的手段实现统一。孟子的仁政学说被认为是"迂远而阔于事情"，没有得到实行的机会。最后退居讲学，和他的学生一起，"序《诗》《书》，述仲尼之意，作《孟子》七篇"。

【选文】

老吾老以及人之老，幼吾幼以及人之幼①，天下可运于掌②。

《诗》云③："刑于寡妻④，至于兄弟，以御⑤于家邦。"言举斯心加⑥诸彼而已。故推恩⑦足以保四海，不推恩无以保妻子⑧。古之人所以大过人者，无他焉，善推其所为而已矣！今恩足以及禽兽，而功⑨不至于百姓者，独⑩何与⑪?

【注释】

①"老吾老""幼吾幼"：第一个"老"和"幼"都是动词，第二个"老"和"幼"都是名词。老吾老，意为以应该对待老人的方式对待老人，"幼吾幼"，意为以应该对待小孩的方式对待小孩。

②运于掌：可以在掌握中治理运转。

③《诗》云：以下三句引自《诗经·大雅·思齐》，这是歌颂周文王善于修身、齐家、治国的诗歌，体现了周文王身上的传统道德品质。

④刑：同"型"，典范，指树立榜样，做示范。寡妻：国君的妻子。

⑤御：治理。

⑥加：推行，施加。

⑦恩：恩泽。

⑧妻子：指妻室子女。妻，指男子的配偶。子，指子女。

⑨功：功德。

⑩独：表示反问的副词。

⑪与：通"欤"，语气词。

【翻译】

尊敬自己的老人，并由此推及到尊敬别人的老人；爱护自己的孩子，并由此推及到爱护别人的孩子。做到了这一点，整个天下便会像在自己的手掌心里运转一样容易治理了。《诗经》说："先给妻子做榜样，再推及到兄弟，再推及到家族和国家。"说的就是要把自己的仁心推及到别人身上去。所以，推广恩德足以安定天下，若不推广恩德，连自己的妻子儿女都保不了。古代的圣贤之所以能远远超过一般人，没有别的，不过是善于推广他们的善行罢了。如今大王您的恩惠能够施及禽兽，却不能够施及老百姓，这又是为什么呢？

【解读】

孟子所说的"老吾老以及人之老，幼吾幼以及人之幼"与《礼运》所言"故人不独亲其亲，不独子其子，使老有所终，壮有所用，幼有所长，矜寡孤独废疾者皆有所养"的思想相契合。孟子的推其所为思想与墨家不同。儒家的仁爱推广是一种合乎人情的差序结构。墨家的兼爱则是无分厚薄。

【选文】

五亩之宅，树之以桑，五十者可以衣帛①矣。鸡豚狗彘②之畜，无失其时，七十者可以食肉矣；百亩之田，勿夺其时，数口之家可以无饥矣；谨庠序③之教，申之以孝悌之义，颁白者④不负戴于道路矣。七十者衣帛食肉，黎民⑤不饥不寒，然而不王者，未之有也。

【注释】

①衣（yì）：动词，穿衣。

②鸡豚狗彘（zhì）：鸡、狗和猪，泛指家畜。豚，小猪。彘，猪。

③庠（xiáng）序：分别是古代地方学校的名称，后连用泛指学校。

④颁白者：头发花白的老人。颁，通"斑"。

⑤黎民：指平民百姓。

【翻译】

在拥有五亩田的宅基地旁种上桑树，就可使五十岁以上的人穿上丝织的衣服。鸡猪狗之类的家畜，按时喂养好，就可使七十岁以上的人吃上肉了。百亩的田地，不耽误农时地进行种植，数口人的家庭就可免于饥饿了。认真地进行学校教育，反复申明孝悌的道理，那么，头发斑白的老人就不会再肩扛背驮着东西赶路了。七十岁的老人能穿上丝袄、吃上肉，平民百姓不缺衣少食，倘若如此，而不称王于天下的，是绝不会有的。

【解读】

本篇描绘了一幅田园生活的美好蓝图。孟子规划了小农经济基础上，地尽其用，人尽其力，不失天时，则衣帛食肉，不饥不寒的发展模式，重视良好的社会教化，这些符合平民百姓对美好生活的期望，具有很强的吸引力。

《荀子·王制》

【选文】

通流财物粟米，无有滞留，使相归移①也，四海之内若一家。故近者不隐其能，远者不疾其劳。无②幽闲③隐僻④之国，莫不趋使⑤而安乐之。夫是之谓人师。是王者之法也……故天之所覆，地之所载，莫不尽其美、致⑥其用，上以饰⑦贤良，下以养⑧百姓而乐安之。夫是之谓大神⑨。

【注释】

①归（kuì）移：转移输送。归，通"馈"，供给。移，运输。

②无：犹"虽"，《韩诗外传》卷三第三十五章作"虽"。

③幽闲：深隔，远隔。

④隐僻：偏远。

⑤趋使：驱使，役使。

⑥致：极，尽。

⑦饰：装饰，指装饰车服。

⑧养：供养，指供给衣食。

⑨神：治。

【翻译】

让财物、粮米流通起来，没有滞留积压的现象；使各地互通有无，转移输送供给对方，四海之内的人都亲如一家。所以，近处的人们各尽其才能，远处的人们不辞辛劳。无论怎样深隔偏远的国家，没有不安适愉快地听候王者的驱使。这样的君主叫作人民的师表。王者的法则就是这样。……所以，苍天所覆盖的，大地所承载的，没有不各尽其美，而竭尽为人所用的，对上可用来装饰贤良者的车服，对下可用来养活老百姓并使他们都快乐平安。这就叫作天下大治。

【解读】

"通流财物粟米，无有滞留，使相归移"，即是物尽其用；"近者不隐其能，远者不疾其劳"及"莫不尽其美、致其用"，就是人尽其才，各色人等各得其所。加之"四海之内若一家"的理念，均与大同理想高度一致。

《管子·形势解》

【作者简介】

管仲（约前723—前645），齐国颍上（今安徽颍上）人。名夷吾，又名敬仲、字仲，谥号敬，史称管子。春秋时期齐国著名的政治家、军事家，周穆王的后代。管仲少时丧父，老母在堂，生活贫苦，不得不过早地挑起家庭重担，为维持生计，他与鲍叔牙合伙经商，后从军。几经曲折，经鲍叔牙力荐，为齐国上卿（即丞相），被称为"春秋第一相"，辅佐齐桓公成为春秋时期的第一霸主，所以又说"管夷吾举于士"。管仲的言论见于《国语·齐语》，另有《管子》一书传世。

【选文】

古者三王五伯①皆人主之利天下者也，故身贵显而子孙被其泽；桀、纣、幽、厉皆人主之害天下者也，故身困伤而子孙蒙其祸。故曰："疑今者察之古，不知来者视之往。"神农教耕生谷，以致民利。禹身决渎②，斩高桥下③，以致民利。汤武征伐无道，诛杀暴乱，以致民利。故明王之动作虽异，其利民同也。故曰："万事之任也，异起而同归，古今一也。"

【注释】

①三王五伯：即三王五霸，指的是中国先秦时期八位杰出的君主，他们分别是：夏启、商汤、周武王、昆吾氏、大彭氏、豕韦氏、齐桓公、晋文公。

②决渎：挖河泄洪。

③斩高桥下：俞樾云："并以治河言。'斩高'谓凿龙门也。'桥下'即太史公所谓'北载之高地，过降水至于大陆'者也。"斩高，即铲除高地。桥下，即整治低地。

【翻译】

古代的三王五霸都是利天下的君主，所以其自身富贵、德性彰显则子孙蒙其恩泽；夏桀、殷纣、周幽王、周厉王都是祸害天下的君主，所以其自身困顿、德性缺损则祸及子孙。所以说："对当今有疑惑不解的事可以考察古代，对未来把握不了的事可以考察过去。"神农氏教民耕作生产谷物，使人民受益。大禹亲身疏浚河道，治理洪水，铲除高地，整治低地，使人民受益。商汤和周武王征伐无道，诛杀暴君，使人民受益。他们的行动举措虽有所不同，但使人民受益则是相同的。所以说："各种事情的本性、起因与经过虽有不同，但总是同归一理，从古到今莫不如此。"

【解读】

本篇列举神农、大禹、商汤、周武王的事迹，说明圣王之所作所为虽异，但在"利民"问题上，所追求的是相同的。

《吕氏春秋·纪·季冬纪》

【选文】

文信侯①曰：尝得学黄帝之所以诲颛顼②矣，"爰有大圜③在上，大矩在下，汝能法之，为民父母。"盖闻古之清世，是法天地。凡十二纪^④者，所以纪治乱存亡也，所以知寿夭吉凶也。上揆^⑤之天，下验之地，中审之人，若此则是非可不可无所遁矣。天曰顺，顺维^⑥生；地曰固，固维宁；人曰信，信维听。三者咸当，无为而行。

【注释】

①文信侯：指吕不韦。

②颛顼（zhuān xū）：中国上古部落联盟首领，"五帝"之一，姚姓，号高阳氏，黄帝之孙，昌意之子。

③大圜：古人认为天圆地方，故称天为大圜，地为大矩。

④十二纪：指《吕氏春秋》的十二纪。

⑤揆：度，揣测。

⑥维：乃，于是。

【翻译】

文信侯（吕不韦）说，曾经学到黄帝教诲颛顼的话："有苍天在上，大地在下，你若能效法它们，就可做人民的父母。"听说古代的清平盛世，都是效法天地。《吕氏春秋》十二纪，是用来记载国家的治乱存亡的，是用来了解人事的寿夭吉凶的。向上度量于天，向下检验于地，中间审察于人。像这样，那么对与不对、可与不可都无所遁形了。天要顺达才能生万物；地要稳固万物才得安宁；人要讲诚信才能被听用。天地人三者都各得其所，就可以自然无为而行了。

【解读】

天道应该顺应民生，顺应了民生则天下万物就会生生不息；

地之道在于稳固，四方稳定，则天下和平安宁；人之道在于讲究信誉，百姓诚信，那就可以采纳到更多更好的忠言或发自肺腑的言论。这是吕不韦总结的三则治理天下的大纲，即：贵生之道，安宁之道，听言之道，亦即自然无为之道。

《论语·宪问》

【选文】

子路问君子。子曰："修己以敬①。"曰："如斯②而已乎？"曰："修己以安人③。"曰："如斯而已乎？"曰："修己以安百姓。修己以安百姓，尧舜其犹病④诸⑤！"

【注释】

①敬：恭敬，不怠慢。

②如斯：像这样。

③安人：使自己所能影响的人们得以安乐。"人"相对于"己"而言，泛指自己所能影响的人们；下文"百姓"则指普天下之人。

④病：担忧。

⑤诸：相当于"之于"，这里指修己以安百姓。

【翻译】

子路问如何成为君子。孔子回答："修养自己，使自己能心存诚敬。"子路再问："像这样就够了吗？"孔子说："修养自己，使自己所能影响的人们得以安乐。"子路又问："像这样就够了吗？"孔子说："修养自己，使所有百姓得以安乐。修养自己使所有百姓得以安乐，尧舜恐怕也难以做到啊！"

【解读】

修身是君子立身处世和管理政事的根本，唯有如此，才能安人乃至安百姓。孔子意识到，即使圣人也未必做得到安百姓，若能心存诚敬，恭敬待人，至少能使自己所能影响的人们得以安乐，也就可成为君子。

《论语·雍也》

【选文】

子贡曰："如有博施于民而能济众①，何如？可谓仁乎？"子曰："何事于仁，必也圣乎？尧舜其犹病诸②！夫仁者，己欲立而立人，己欲达而达人。能近取譬③，可谓仁之方也已。"

【注释】

①济众：周济大众。济，救助。

②尧舜其犹病诸：博施济众，事无限量，即使尧舜这样的圣人也将感其力之不足。病，有所不足。诸，之乎。

③能近取譬：能够就自身打比方，即推己及人的意思。譬，取譬相喻的意思。

【翻译】

子贡说："如有一个人能够对民众广博施与和救济，这样做会怎么样呢？可以称作是仁了吧？"孔子说："何止是仁的事？必是圣人才可能做到吧。连尧舜这样的圣人都会感到力量不足呀！仁者，自己想站得住，也要帮助别人站得住。自己想通达，也要帮助别人通达。能够就自身打比方，近取诸身，这就可说是求仁的方法了。"

【解读】

子贡务求高远，所以问"博施于民而能济众"，却不知其方。孔子教其近取诸身，从近切入，从己身切入，才能进入博施济众之门。钱穆说："己欲立，思随分立人。己欲达，思随分达人。孔子好学不厌，是欲立欲达。诲人不倦，是立人达人。此心已是仁，行此亦即是仁道，此则固是人人可行者。"

《论语·颜渊》

【选文】

司马牛①忧曰："人皆有兄弟，我独亡②。"子夏③回："商闻之矣④：'死生有命，富贵在天。君子敬而无失⑤，与人恭而有礼，四海之内皆兄弟也。'君子何患乎无兄弟也？"

【注释】

①司马牛：孔子弟子，复姓司马，名耕，一名犁，字子牛，宋国人。

②亡：同"无"。司马牛的兄弟因为参与作乱或死或逃亡，司马牛自己孤身在异国他乡，感怀身世，觉得孤单，所以说自己没有兄弟。

③子夏：即卜（bǔ）商（前507—？），字子夏，尊称"卜子"或"卜子夏"。春秋末年晋国人，一说卫国人，孔门七十二贤之一。

④商闻之矣：我听先师孔子说过。商，是子夏的自称。

⑤敬而无失：为人恭敬，从容中道。无失，即中也。

【翻译】

司马牛很忧愁地说："人家都有兄弟，唯独我没有呀！"子夏说："我曾听恩师孔子说过：'死生有命，富贵在天。君子只要能恭敬处事，做事从容中道，与人交往谦恭有礼，那四海之内就都是你的兄弟啦！'君子还怕什么没兄弟呢？"

【解读】

这段对话发生在孔子去世以后。子夏借助孔子之言，讲人既要顺应天命，又要不断修己。如果能持己以敬而不间断，待人接物恭而有礼，则天下之人都会爱护他，如同兄弟。"四海之内皆兄弟"的境界，体现了中国人天下一家的情怀。

《礼记·大学》

【选文】

古之欲明明德于天下者，先治①其国；欲治其国者，先齐②其家；欲齐其家者，先修③其身；欲修其身者，先正其心④；欲正其心者，先诚其意⑤；欲诚其意者，先致其知；致知⑥在格物⑦。物格⑧而后知至⑨，知至而后意诚，意诚而后心正，心正而后身修，身修而后家齐，家齐而后国治，国治而后天下平。自天子以至于庶人⑩，壹是⑪皆以修身为本。其本⑫乱而末⑬治者否矣，其所厚⑭者薄⑮，而其所薄者厚，未之有也！

【注释】

①治：治理。

②齐：整治。

③修：修养。

④正其心：端正内心而无邪念。正，端正。心，身之所主。

⑤诚其意：使意念志向真实无妄，合乎德性。诚，真实无妄。

⑥致：推究穷尽。知：知道事物的本末终始，明了事物的轻重缓急。

⑦格物：穷尽事物所以然之理而无不知晓。

⑧物格：将事理推究明白。

⑨知至：知无不尽，获得充实知识提高识见而推之极至。

⑩庶人：泛指平民百姓。

⑪壹是：一切，一律。

⑫本：根本，指修身。朱熹注："本，谓身也。"

⑬末：末梢，枝节。本末所用的范围较广，如后面讲到"德者本也，财者末也"，这里以修身为本，其他为末。

⑭厚：重视。朱熹注："所厚，谓家也。"

⑮薄：轻视。

【翻译】

古时想要向天下人彰显自己的光明德行，必先治理好自己的国家；想要治理好自己国家的人，必先整治自己的家族；想整治自己的家族，必先修养身心；想修养身心，必先端正内心而无邪念；想端正内心而无邪念，必先心意诚实；想心意诚实，必先知道事物的缓急先后；知道事物的缓急先后，在于穷尽事物所以然之理。穷尽事物所以然之理，然后才能有充实的知识，分善恶，知缓急；获得充实的知识识见提高之后，才能心意诚实；心意诚实之后，才能内心端正而无邪念；内心端正之后，才能使自身品德修养得到提高；修养身心，然后家族才会和顺；家族和顺了，然后国家才能治理好；国家治理好了，才能使天下太平。从天子到平民百姓，无一例外，都要把修身作为根本。如果提高自身修养这个根本混乱，而想要处理好齐家、治国、平天下的枝节问题，那是不可能的。若本末颠倒，就是应当重视的却被轻视，应当看轻的却优先重视，在此情况下，要达到齐家治国平天下的目的，必无此理。

【解读】

阐述如何实现"明明德，亲民，止于至善"三纲领的步骤——"八条目"，这里由"平天下"这一终极目标而层层反推，一一展开；接着将上文从"物格"至"天下平"顺推上去，即由初始的逻辑起点向终极目标进行清晰的推演，旨在郑重叮嘱人们由自身做起，推己及人，以达到治国平天下的政治理想。其中蕴含着循序渐进的路径和修己治人的道理。在"八条目"中，"修身"是根本。上自天子，下至平民百姓，无高下贵贱之分，在"修身"这一根本问题上无一例外。进而强调，本末不可倒置，本乱而末治是不可能的。其身不修，而要家齐、国治、天下平，则是办不到的。格物、致知、诚意、正心，无非是为了修身；齐家、治国、平天下，其根本也是修身。

《孟子·梁惠王下》

【选文】

齐宣王问曰："人皆谓我①毁明堂②。毁诸③？已④乎？"

孟子对曰："夫明堂者，王者之堂也。王欲行王政，则勿毁之矣。"

王曰："王政可得闻与？"

对曰："昔者文王之治岐⑤也，耕者九一⑥，仕者世禄⑦，关市⑧讥而不征⑨，泽梁⑩无禁，罪人不孥⑪。老而无妻曰鳏。老而无夫曰寡。老而无子曰独。幼而无父曰孤。此四者⑫，天下之穷民而无告者。文王发政施仁，必先斯四者。《诗》云：'哿矣富人，哀此茕独⑬。'"

王曰："善哉言乎！"

曰："王如善之，则何为不行？"

王曰："寡人有疾⑭，寡人好货。"

对曰："昔者公刘⑮好货；《诗》⑯云：'乃积乃仓⑰，乃裹餱粮⑱，于橐于囊⑲。思戢用光⑳。弓矢斯张，干戈戚扬㉑，爰方启行㉒。'故居者有积仓，行者有裹粮也，然后可以爰方启行。王如好货，与百姓同之，于王何有？"

王曰："寡人有疾，寡人好色。"

对曰："昔者大王㉓好色，爱厥㉔妃。《诗》云：'古公亶父，来朝㉕走马㉖，率西水浒㉗，至于岐下。爰及姜女㉘，聿来胥宇㉙。'当是时也，内无怨女㉚，外无旷夫㉛。王如好色，与百姓同之，于王何有？"

【注释】

①谓我：对我说。

②明堂：古代帝王用作朝会诸侯、宣明政教、秋季大享祭天并配祀祖宗

之所。

③诸：之乎。

④已：止，不。

⑤岐：即岐山，周族发祥地，殷商时期西伯侯所治理的地方，在今陕西岐山县东北一带。

⑥耕者九一：指井田制。把耕地划成井字形，每井九百亩，周围八家各一百亩，属私田，中间一百亩属公田，由八家共同耕种，收入归公家，所以叫九一税制。

⑦仕者世禄：为高官所设的封袭制度。仕者，从政的官员。世禄，世代有俸禄。

⑧关市：道路上的关口和都邑中的集市。

⑨讥而不征：稽查但不征收赋税。讥，明察是非善恶。征，征收赋税。

⑩泽梁：在水流中拦水捕鱼的装置。

⑪罪人不孥（nú）：只对犯罪者本人进行惩罚，不牵连其妻子儿女们。

⑫四者：指鳏、寡、孤、独四类弱势人群。

⑬哿（gě）矣富人，哀此茕（qióng）独：引自《诗经·小雅·正月》。哿，可。茕，没有兄弟，孤单。

⑭疾：毛病，缺点。

⑮公刘：周族的开明先祖之一，后稷的后代。

⑯《诗》：指《诗经·大雅·公刘》。

⑰积：粮食堆积在露天。仓：粮食存放在仓库中。

⑱裹餱（hóu）粮：把干粮装在袋子里。餱，同"糇"。

⑲橐（tuó）囊：盛物的东西。囊大橐小。橐，无底曰橐，两端有口的袋

子。囊,有底曰囊,一端有口的袋子。

⑳思戢用光:集聚粮食用作迁移之需。思,语气词,无义。戢:同"辑",收敛,聚集粮食。光,通"广"。

㉑干戈戚扬:四种兵器。干戈,盾牌和戈矛。戚,斧。扬,钺。

㉒爰方启行:于是开始起程迁往豳地。爰,于是。方,开始。启行,出发迁往。

㉓大王:即古公亶父,公刘九世孙,周文王的祖父周太王。

㉔厥:代词,他的,那个。

㉕来朝(zhāo):来日一早。

㉖走马:为使百姓避开狄人侵害而快速赶马离开豳地。

㉗率西水浒(hǔ):沿着河岸向西。率,循。水浒,河岸,即漆水上游的河岸。

㉘爰:于此。姜女:周太王的妃子,也称太姜。

㉙聿来胥宇:一起前来寻找居住地。胥宇,观察新的居住地。聿,语首词,无义。

㉚怨女:未出嫁的老处女。

㉛旷夫:未娶妻的单身汉。古代女子居内,男子居外,所以以内外代指。

【翻译】

齐宣王问孟子道:"别人都劝我拆毁明堂,是拆毁好呢?还是不拆毁好呢?

孟子回答说:"明堂是施行王政的殿堂。大王如果想施行王政,就请不要拆毁它吧。"

齐宣王说:"您能给我讲讲什么是王政吗?"

　　孟子回答说："从前周文王治理岐山的时候，对农民的税率是九分抽一；对于做官的人是给予世代承袭的俸禄；在关卡和市场上只稽查，但不征税；任何人到湖泊池塘捕鱼都不禁止；对罪犯的处罚不会牵连妻子儿女。失去妻子的老人叫作鳏夫；失去丈夫的老人叫作寡妇；没有儿女的老人叫作独老；失去父亲的儿童叫作孤儿。这四种人孤苦伶仃、无依无靠。文王实行仁政，一定最先考虑照顾这四类人群。《诗经·小雅·正月》说：'富裕的人生活还过得去啊，应当可怜那些无依无靠的人吧。'"

　　宣王说："您讲的这番话太好啦！"

　　孟子说："大王如果认为说得好，为什么不这样做呢？"

　　宣王说："我有个毛病，我喜爱钱财。"

　　孟子说："从前公刘也喜爱钱财。《诗经》说：'收割粮食装满仓，备好充足的干粮，装进小袋和大囊。集聚粮食用途广，张弓带箭齐武装。盾戈斧钺拿手上，开始动身向前方。'因此留在家里的人有食物，出征行军的人有干粮，这才能够率领军队前进。大王如果喜爱钱财，又愿意和老百姓共同享有，这对施行王政有什么影响呢？"

　　宣王说："我还有个毛病，我喜爱女色。"

　　孟子回答说："从前周太王也喜爱女色，非常爱他的妃子。《诗经》说：'周太王古公亶父，一大早驱驰快马，沿着河岸西去，一直走到岐山下。带着妻子姜氏女，勘察地址建新居。'那时，没有找不到丈夫的大龄女子，也没有找不到妻子的老男人。大王如果喜爱女色，又能与老百姓同好，这对施行王政有什么影响呢？"

【解读】

本篇孟子从保护明堂，讲到施行仁政的措施，进而回答了齐宣王所讲的"好货"与"好色"的问题，孟子答之以"与百姓同之"。孟子从"不言利"到制民之产，到为民父母，到本篇讲与民同乐同享，体现了孟子对施仁政、行王道的坚持。孟子赞赏文王"发政施仁"，必先关怀鳏寡孤独四类弱势群体。天下总会有贫者富者，然而，仁德的君主总会使贫者有脱贫之时，而那些无依无靠的鳏寡孤独之人，更需要特别体恤。要行王道施仁政，首先要关照这些鳏寡孤独者的生活。

《荀子·君道》

【选文】

请问为国？曰：闻修身，未尝闻为国也。君者，仪①也，仪正而景②正。君者，槃也，槃圆而水圆。君者，盂③也，盂方而水方。君射则臣决④。楚庄王⑤好细腰，故朝有饿⑥人。故曰：闻修身，未尝闻为国也。

【注释】

①仪：日晷（guǐ）的晷针。

②景（yǐng）：古同"影"，影子。

③盂（yú）：盛液体的敞口器皿。

④决：古代射箭时套在右手大拇指上用来钩弦的象骨套子，俗称扳指。这里用作动词。

⑤楚庄王：当作楚灵王。

⑥饿：是指肚子饿得受到死亡的威胁，一般的肚子饿叫饥。

【翻译】

请问如何治理国家？回答道：我只听说要修养自身品德，不曾听说如何治理国家。君主，好比测定日影的标杆；民众，好比标杆的影子；标杆正则影子正。君主，好比盘子；民众，好比盘子里的水；盘子是圆形的，水也就是圆形的。君主，好比盂；民众，好比盂中的水；盂是方形的，水也是方形的。君主射箭，臣子就会准备好扳指。楚灵王喜好细腰的人，所以朝廷上有饿得面黄肌瘦的臣子。因此说，只听说君主贵在修养品德，不曾听说如何治理国家。

【解读】

君主治国本于修身，人君要加强自身德行修养，做出表率。君主将自己修养成什么样的人，民众就会是什么样的人，国家也就会是什么样的国家。

《吕氏春秋·纪·季春纪》

【选文】

汤问于伊尹曰："欲取天下，若何？"伊尹对曰："欲取天下，天下不可取；可取，身将先取。"凡事之本，必先治身，啬①其大宝。用其新，弃其陈，腠理②遂通。精气日新，邪气尽去，及其天年。此之谓真人。昔者，先圣王成其身而天下成，治其身而天下治。故善响者不于响于声，善影者不于影于形，为天下者不于天下于身。《诗》^③曰："淑人君子，其仪不忒。其仪不忒^④，正^⑤是四国^⑥。"言正诸身也。

【注释】

①啬：爱惜。

②腠（còu）理：皮肤、肌肉的纹理。

③引诗见《诗·曹风·鸤鸠》。

④忒（tè）：差错。

⑤正：长。用作动词，当……的君长。

⑥四国：四方之国，指周王朝所有的邦国。

【翻译】

汤问伊尹说："要夺取天下，该怎么办？"伊尹回答说："一心只想夺取天下，天下不可能取得；如果说天下可以取得的话，首先要端正、修养自身。"大凡做事的根本，一定要首先修养自身，爱惜自身的精气。不断吐故纳新，肌理就会保持畅通。精气日益增长，邪气完全除去，就会终其天年。这样的人叫作"真人"。过去，圣王成就自身而天下自然安定，修养自身而天下自然大治。所以，善于制造回声的，不致力于回声本身，而在于改善产生回声的声音。善于制造影子的，不致力于影子本身，而致力于改善产生影子的形体。善于治理天下的，不致力于天下本身，而致力于修养自身。《诗·曹风·鸤鸠》中说："美好君子，仪容端庄。仪容端庄，四方榜样。"这说的正是端正修养自身。

【解读】

"为天下者不于天下于身"，所言正是《大学》所言"壹是皆以修身为本"。"善响者不于响于声，善影者不于影于形"此正是言"君子务本"之意，治天下之本在修身。

《吕氏春秋·览·孝行览》

【选文】

凡为天下，治国家，必务本而后末。所谓本者，非耕耘种植之谓，务其人也。务其人，非贫而富之，寡而众之，务其本也。务本莫贵于孝。人主孝，则名章荣，下服听，天下誉；人臣孝，则事君忠，处官廉，临难死；士民孝，则耕芸疾，守战固，不罢北①。夫孝，三皇五帝之本务，而万事之纪②也。

夫执一术而百善至，百邪去，天下从者，其惟孝也！故论人必先以所亲，而后及所疏；必先以所重，而后及所轻。今有人于此，行于亲重，而不简慢于轻疏，则是笃谨③孝道。先王之所以治天下也。故爱其亲，不敢恶人；敬其亲，不敢慢人。爱敬尽于事亲，光耀加于百姓，究于四海，此天子之孝也。

【注释】

①罢北：败走，败北。

②纪：准则，法则。

③笃谨：纯厚谨慎。

【翻译】

凡是统治天下，治理国家，必先致力于根本，然后才去治理细枝末节。所谓根本，不是指耕耘种植，而是指治人。致力于治人，不是指人民由贫困而变成富足，人口稀少而变成众多，而是致力于人自身的根本。致力于人自身的根本，没有比孝道更重要的了。君主做到孝，那么名声就会卓著荣耀，下面的人就会信服听从，就会得到天下人的赞誉；臣子做到孝，那么侍奉君主就忠诚，居官就清廉，面临灾难就能挺身而出；士人百姓做到孝，就会尽力耕耘，攻必克，守必固，不疲困，不败逃。孝道，是三皇五帝的根本，是万事的纲纪。

掌握了一种法则，因而所有的好事都会出现，所有的坏事都会消失，天下都会顺从的，大概只有孝道吧！所以评论人一定先根据他对亲人的态度，然后再推及他对一般人的态度；一定先依据他对关系重要之人的态度，然后再推及他对关系轻微之人的态度。假如有这样一个人，对跟他关系亲近而重要的人行孝道，而对跟他关系轻微而疏远的人也不怠慢，那么这就是谨慎笃厚于孝道了。这就是先王用来治理天下的法则啊！所以，热爱自己的亲人，不敢厌恶别人；尊敬自己的亲人，不敢怠慢别人。把热爱尊敬全都用在侍奉亲人上，把恩泽施加在百姓身上，并推广到全天下，这些就是天子的孝道啊！

【解读】

本篇主要是在继承儒家思想的基础上集中展开阐述的。"凡是统治天下，治理国家，必先致力于根本"，是言"君子务本，本立而道生"（《论语·学而》）；"务本莫贵于孝"，是言"孝悌也者，其为人之本与"（《论语·学而》）；"爱其亲，不敢恶人；敬其亲，不敢慢人。爱敬尽于事亲，光耀加于百姓，究于四海，此天子之孝也"则是出自"爱亲者，不敢恶于人；敬亲者，不敢慢于人。爱敬尽于事亲，而德教加于百姓，刑于四海。盖天子之孝也。"（《孝经·天子章第二》）

五、理想社会

《礼记·礼运》

【选文】

大道之行①也，天下为公。选贤与能②，讲信修睦③。故人不独亲④其亲，不独子其子，使老有所终，壮有所用，幼有所长，矜、寡、孤、独、废、疾者⑤皆有所养。男有分⑥，女有归⑦。货恶其弃于地也，不必藏于己；力恶其不出于身也，不必为己。是故谋闭而不兴⑧，盗窃乱贼而不作⑨，故外户⑩而不闭⑪，是谓大同⑫。

【注释】

①大道之行：理想政治的施行。大道，古代指政治上的最高理想。行，施行。

②选贤与能：把品德高尚的人、能干的人选拔出来。与，通"举"，推举，选举。

③讲信修睦：讲求诚信，培养和睦气氛。修，培养。

④亲：以……为亲，抚养。下文"子其子"中的第一个"子"也是动词。

⑤矜（guān）、寡、孤、独、废、疾者：矜，通"鳏"，老年丧妻的人。

寡，老而无夫的人。孤，幼而无父的人。独，老而无子的人。废，残疾的人。疾，有疾病的人。

⑥分（fèn）：职分，指职业、名位、职守、职责。

⑦归：女子出嫁，依归，归宿，指人身有所安顿。

⑧谋闭而不兴：奸邪之谋不会发生。兴，发生。

⑨盗窃乱贼而不作：劫掠、偷窃、造反和害人的事情不会发生。盗，劫掠。窃，偷窃。乱，造反。贼，害人。作，兴起。

⑩外户：泛指大门。

⑪闭：用门闩插门。

⑫大同：指理想社会。同，有和、平的意思。

【翻译】

理想政治施行的时候，天下是天下人所共有的天下，把品德高尚的人、才能出众的人选拔出来予以任用，人人讲求诚信，与人和睦相处。因此人们不单独奉养自己的父母，不单独养育自己的子女，使老年人能终养天年，身当壮年的人能为社会效力，幼童能健康成长，使老年丧妻的人、老年丧夫的人、幼年丧父的人、老年无子的人、残疾的人、有疾病的人都能得到赡养。男女皆有自己的分工和安顿之所。对于财货，人们不会把它丢弃在地上，也不会自己私藏；人们憎恨那种在劳动中不肯尽力的行为，也不必只是为了自己的私利而劳动。所以奸邪之谋不会酝酿发生，劫掠、偷窃、造反和害人的事情不发生，所以家家户户就不必关闭大门，这就是大同世界——理想的社会。

【解读】

"大道之行也，天下为公。选贤与能，讲信修睦"乃是大同社会的纲领性说明。"天下为公"乃是大同社会的根本原则。"选贤与能，讲信修睦"则是实现大同社会的根本举措。"不独亲其亲，不独子其子"，说的是每个人都能推己及人，把奉养父母、抚育儿女的心意扩大到其他人身上，使全社会亲如一家。"老有所终，壮有所用，幼有所长"，强调对各年龄段的人群都要做出合适的安排，又特别提到，对"矜、寡、孤、独、废、疾者"这六种人要实行生活保障，更充分地体现了全社会的关爱。"男有分，女有归"，"有分"，就是有稳定的可让人安分的工作；"有归"，就是男女婚配及时，有和乐的家庭。在男耕女织的社会模式下，妇女的工作场所虽然主要是在家庭，但也要尽其所能，从事相应的工作，这样才能丰衣足食，家庭和乐。"货恶其弃于地也，不必藏于己"，强调人们珍惜劳动成果，但没有自私自利之心；"力恶其不出于身也，不必为己"，强调在共同劳动中以不出力或少出力的要滑行为为耻，努力工作，不必纯粹追求一己之私，树公心、去私心，货尽其用、人尽其力。"是故谋闭而不兴，盗窃乱贼而不作，故外户而不闭，是谓大同。"跟理想的"大同"社会相比，现实社会中诸多黑暗现象如阴谋害人、盗窃作乱等，在"大同"社会里将不复存在，代之而兴的将是一个和平、安定的局面，以此作结，描述大同治世，令人心向往之。

《淮南子·主术训》

【作者简介】

刘安（前179—前122），汉高祖孙，武帝叔，袭父刘长之地被封为淮南王。后因图谋叛乱，事泄自杀。其文采出众，颇好著述，以其为首的一批文人学士，形成汉初黄老学派的主要流派。

【选文】

昔者神农之治天下也，神不驰于胸中，智不出于四域①，怀其仁诚之心。甘雨时降，五谷蕃植②，春生夏长，秋收冬藏。月省时考，岁终献功③，以时尝谷，祀于明堂④。明堂之制，有盖而无四方，风雨不能袭，寒暑不能伤，迁延⑤而入之，养民以公。其民朴重端悫⑥，不纷争而财足，不劳形而功成。因天地之资而与之和同，是故威厉而不杀，刑错⑦而不用，法省而不烦。故其化如神。其地南至交趾⑧，北至幽都⑨，东至旸谷⑩，西至三危⑪，莫不听从。当此之时，法宽刑缓，囹圄空虚，而天下一俗，莫怀奸心。

【注释】

①四域：四周界限，指四方之内。这里指的是分内。

②蕃植：即繁殖。

③献功：谓在冬祭时奉献谷、帛等。

④明堂：古代帝王宣明政教的地方。凡朝会、祭祀、庆赏、选士、养老、教学等大典，均在这里举行。不过从上古至唐宋，其制度各异，历代儒家议论纷纷。明堂虽古已有之，但各朝营建时的形制与规模不尽相同，没有一个完全统一的式样。

⑤迁延：徜徉；自由自在、毫无拘束的样子。

⑥端悫（què）：端，端正，不歪斜。悫，诚实，谨慎。

⑦刑错：亦作"刑措"或"刑厝"，置刑法而不用。

⑧交趾，又名交阯，中国古代地名，泛指五岭以南。汉武帝时为所置十三刺吏部之一，相当于今广东广西大部和今越南北部、中部。东汉末改为交州。越南于10世纪30年代独立建国后，宋亦称其国为交阯。

⑨幽都：高诱注："阴气所聚，故曰幽都，今雁门以北是。"

⑩旸谷：古称日出之处。

⑪三危：古代西部边疆山名。

【翻译】

从前神农炎帝治理天下时，精神沉静而不躁动，智识安分而不用于分外之事，只怀着一颗仁爱真诚之心。因而，甘雨及时降落，五谷繁殖生长，春生夏长，秋收冬藏。按月按季考察下情，到年终向祖宗神灵进献谷、帛，按季节品尝新谷，在明堂祭祀祖宗神灵。明堂的建制式样，有天穹一样的圆形顶盖而无四面墙壁，但风雨不能侵袭，寒暑不能伤害。每当祭祀祖宗神灵时，怀着公心养育教化民众的神农氏，率领随从，胸襟坦荡、步履从容地进入明堂。他的民众朴素、稳重、正直、诚实，不用互相争夺而能财物富足，不用过分劳累身体而能大功告成。他凭借着大自然的资助，而与天地自然融为一体。所以，他尽管威武严厉，但从不逞威杀戮；制定刑法政令，但不轻易动用；法令简略而不纷繁，所以对民众的教化功效特别神奇。他的管辖范围南到交趾，北到幽都，东到旸谷，西到三危，各处无不听令服从。这时，法律是宽松的，刑罚是轻缓的，监狱是空虚的，而天下风俗纯一，没有人怀有奸诈之心。

【解读】

本篇讲述了神农炎帝治理社会的策略："神不驰于胸中，智不出于四域，怀其仁诚之心"；"月省时考，岁终献功，以时尝谷，祀于明堂"；"威厉而不杀，刑错而不用，法省而不烦"。当时的社会："甘雨时降，五谷蕃植，春生夏长，秋收冬藏"；"朴重端悫，不纷争而财足，不劳形而功成；法宽刑缓，囹圄空虚，而天下一俗，莫怀奸心"。本篇描述了中国上古的"仁政"策略与大同社会情景，对后世社会治理与规划具有重要的借鉴意义。

《尚书·尧典》

【选文】

曰若①稽古②，帝尧曰放勋③，钦明文思安安④，允恭克让⑤，光被四表⑥，格⑦于上下。克明俊德⑧，以亲九族⑨。九族既睦⑩，平章百姓⑪。百姓昭⑫明，协和万邦⑬。黎民于变时雍⑭。

【注释】

①曰若：发语辞，用于句首。

②稽古：考察古代的事情。稽，考，考察。

③帝尧曰放勋：尧帝的名字叫放勋。帝，夏代以前传说中的"君主"称帝不称王，夏代以后至秦汉以前称王不称帝，《尚书》凡称帝者皆指尧或舜。尧，或以为谥，或以为名号，汉代学者认为尧是谥号。放勋，尧的名字。

④钦明文思安安：钦，敬。明，明察，明达。文，管理天下井井有条。

思，深谋远虑。安安，温和宽容。

⑤允恭克让：允，诚信。恭，恪尽职守。郑玄注："不懈于位曰恭。"克，能够。让，谦让。郑玄注："推贤尚善曰让。"

⑥光被四表：尧德光耀及四海之外。光，光耀。被，覆盖。四表，四海之外。表，方。

⑦格：至，到，充满。

⑧克明俊德：克，能够。明，彰显，发扬。俊，大，才智超过常人。

⑨以亲九族：亲，使……和睦。九族，从高祖到玄孙的九代人，以九族为同宗，以自己为本位，上自高祖、曾祖、祖、父，下至子、孙、曾孙、玄孙，合称九族，文中"九族"指家族，即指尧所来自的氏族部落。

⑩睦：和睦亲善。

⑪平章百姓：平，通"辨"。章，彰显。百姓，百官。

⑫昭：明白。

⑬协和万邦：协，协调。和，和平。万邦，即万国，尧统治的部落联盟有众多氏族部落，号称万国。

⑭黎民于变时雍：各邦国的民众因此而变得和睦友好。黎，众。黎民，即万邦的氏族成员。于，于是。时，善。雍，和平。

【翻译】

考察古时候的历史，帝尧名叫放勋，他治理天下，恭敬节俭，明察四方，善理政务，深谋远虑，品性忠纯，温和宽容。他诚信恭谨，恪尽职守，推贤尚善，恩泽四方，达于天地。他能够弘扬美好的品德，使家族亲密和睦。家族亲密和睦以后，又辨别彰明。辨别彰明众族的政事后，又协调万邦，天下民众因此变得和睦友好起来。

【解读】

本篇介绍了帝尧之德能，并由此层层展开，"协和万邦"，使"黎民于变时雍"。不仅描述了帝尧施仁政所凭借的德能，而且描绘了理想社会的面貌。百姓随着尧的德行而化，风俗大和。

《文子·精诚》

【作者简介】

文子，生卒年不详，姓辛，号计然，老子的弟子。道家祖师，与孔子同时，著有《文子》（又名《通玄真经》）。唐玄宗于天宝元年（742）诏封文子为"通玄真人"。

【选文】

老子曰：昔黄帝之治天下，调日月之行，治阴阳之气，节四时之度，正律历①之数，别男女，明上下，使强不掩②弱，众不暴寡，民保命而不夭，岁时熟而不凶，百官正而无私，上下调而无尤③，法令明而不暗，辅佐公而不阿，田者让畔，道不拾遗，市不预贾④。故于此时，日月星辰不失其行，风雨时节，五谷丰昌，凤凰翔于庭，麒麟游于郊。

【注释】

①律历：乐律和历法。

②掩：乘人不备而袭击或捉拿，这里意为欺凌。

③无尤：没有过失。

④市不预贾：市场上商人不要谎价。贾，同"价"。预，同"豫"，段玉

裁注："凡大皆称豫"，谓卖物者大其价以愚人。

【翻译】

老子说：从前黄帝治理天下，协调日月运行，理顺天地间的阴阳之气，节制四季的界限，匡正乐律和历法，分别男女，明确上下级的行为规范，使强大的不欺凌弱小的，众多的不损害少数的，民众能保住性命而不夭折，每年庄稼成熟而没有凶灾，百官公正而无偏私，上下级协调而无过失，法令公明而不昏暗，辅佐公正而不阿谀逢迎，耕田者互让田界，路不拾遗，市场买卖公平。所以在这个时代，日月星辰正常运行，风调雨顺，五谷丰登，凤凰飞翔在院子里，麒麟游走于郊野。

【解读】

"调日月之行，治阴阳之气，节四时之度，正律历之数"，不是讲人能控制日月四时，而是讲黄帝已然通晓自然运行的规律，同时明了人事的规律，并善于将人类的生活与自然规律相协调，黄帝通晓自然规律，据此建立了一套人类社会的治理规程。天人和谐，共鸣共生，呈现出一派四海升平的祥和景象："日月星辰不失其行，风雨时节，五谷丰昌，凤凰翔于庭，麒麟游于郊。"这正是"大道之行"的大同社会的景象。

《诗经·大雅·民劳》

【作者简介】

《诗经·大雅·民劳》相传为周朝大臣召伯虎（召穆公）所

作。召伯虎，又称召虎，史称召穆公。大致生活在周厉王、周宣王时期。周厉王暴虐，"国人"围攻王宫，召虎将太子靖藏匿在家，而让自己的儿子替死。周厉王死后，召虎拥立太子靖继位，即周宣王。宣王时，淮夷不服，宣王命召虎领兵平定淮夷。就此事件，《诗经·大雅·江汉》咏曰："江汉之浒，王命召虎。"

【选文】

民亦劳止①，汔②可小康③。惠④此中国⑤，以绥⑥四方。无纵诡随⑦，以谨⑧无良。式遏寇虐⑨，憯⑩不畏明。柔远能迩⑪，以定我王。

民亦劳止，汔可小休⑫。惠此中国，以为民逑⑬。无纵诡随，以谨惛怓⑭。式遏寇虐，无俾⑮民忧。无弃尔劳⑯，以为王休⑰。

民亦劳止，汔可小息。惠此京师，以绥四国。无纵诡随，以谨罔极⑱。式遏寇虐，无俾作慝⑲。敬慎威仪，以近有德。

民亦劳止，汔可小愒⑳。惠此中国，俾民忧泄㉑。无纵诡随，以谨丑厉㉒。式遏寇虐，无俾正㉓败。戎虽小子㉔，而式㉕弘大。

民亦劳止，汔可小安。惠此中国，国无有残。无纵诡随，以谨缱绻㉖。式遏寇虐，无俾正反㉗。王欲玉女㉘，是用㉙大谏㉚。

【注释】

①止：语气词。

②汔（qì）：庶几，差不多。

③小康：温饱而略有节余的生活状态，是古代劳动人民对美好生活的朴素向往。康，安康，安居。

④惠：爱。

⑤中国：周王朝直接统治的地区，即"王畿"，相对于"四方"诸侯国

而言。

⑥绥（suí）：安，安抚。

⑦纵：放纵。诡随：诡诈欺骗。

⑧谨：谨慎提防。

⑨式：发语词。寇虐：残害掠夺。

⑩憯（cǎn）：曾，乃。

⑪柔：爱抚。能：亲善。

⑫休：喘息。

⑬逑（qiú）：聚合。

⑭惽（hūn）怓（náo）：喧嚷争吵。

⑮俾（bǐ）：使。

⑯尔：指在位者。劳：劳绩，功劳。

⑰休：美，此指利益，福祉。

⑱罔（wǎng）极：为恶无穷极之人。

⑲慝（tè）：恶。

⑳愒（qì）：休息。

㉑忧泄：忧愁得以发泄。

㉒丑厉：恶人。

㉓正：通"政"。

㉔戎：你，指在位者。小子：年轻人。

㉕式：作用。

㉖缱（qiǎn）绻（quǎn）：固结不解，指统治者内部纠纷。

㉗正反：政治颠倒。正，通"政"。

㉘玉女（rǔ）：爱汝。玉，这里用作动词，像爱玉那样地宝爱你。女，汝。

㉙是用：是以，因此。

㉚谏：劝谏。

【翻译】

民众确实太劳苦，但求生活得安康。爱护王畿老百姓，安抚诸侯定四方。莫纵诡诈欺骗术，谨防小人不善良。残害掠夺必遏制，莫惧恶人呈猖狂。远近百姓都爱抚，江山牢固保我王。

民众确实太劳苦，但求尚可稍喘息。爱护王畿老百姓，可使民众聚一起。莫纵诡诈欺骗术，谨防喧嚷争吵起。残害掠夺必遏制，莫使民众常忧戚。不弃前功再努力，为使君王得福祉。

民众确实太劳苦，但求尚可稍小憩。爱护王畿老百姓，安抚天下四方地。莫纵诡诈欺骗术，警惕小人无法纪。残害掠夺必遏制，莫让邪恶得兴起。仪容举止要敬慎，亲近贤德正自己。

民众确实太劳苦，但求尚可稍安心。爱护王畿老百姓，民众忧怨得消泄。莫纵诡诈欺骗术，警惕恶人防奸邪。残害掠夺必遏制，莫使国政腐败。君虽年轻资历浅，作用巨大很关键。

民众确实太劳苦，但求尚可稍休养。爱护王畿老百姓，国家安定无酷政。莫纵诡诈欺骗术，谨防内部纠纷起。残害掠夺必遏制，莫使政权遭颠覆。衷心爱戴君王故，大力劝谏以辅。

【解读】

诗中描写平民百姓极度困苦疲劳的境况，劝谏周厉王要体恤百民，改弦更张。诗一开头就说民众已很劳苦，期望能有生活保障。接着期望"惠此中国，以绥四方"，即要以京畿为重，抚爱国中百姓，并使四境得以安宁；"无纵诡随，以谨无良"，是说不要受那些奸狡诡诈之徒的欺骗，听信其恶意谗言。其后，"以为民述""以绥四国""俾民忧泄""国无有残"与"以谨惽恢""以谨罔极""以谨丑厉""以谨缱绻"，都是围绕忧民恤民、防奸止乱展开，抨击小人蒙蔽作恶，以刺谏周厉王，意味深长。

《诗经·国风·魏风》

【选文】

硕鼠①硕鼠，无食我黍②！三岁贯女③，莫我肯顾。逝将去女④，适彼乐土。乐土乐土，爰得我所⑤。

硕鼠硕鼠，无食我麦！三岁贯女，莫我肯德⑥。逝将去女，适彼乐国⑦。乐国乐国，爰得我直⑧。

硕鼠硕鼠，无食我苗！三岁贯女，莫我肯劳⑨。逝将去女，适彼乐郊。乐郊乐郊，谁之永号⑩？

【注释】

①硕鼠：大老鼠，一说田鼠。这里用来比喻贪得无厌的统治者。

②无：毋，不要。黍：黍子，也叫黄米，谷类，是重要的粮食作物之一。

③三岁：多年。贯：借作"宦"，侍奉。

④逝：通"誓"，发誓。去：离开。女：同"汝"。

⑤爰：于是，就。所：处所，可以安居之处。

⑥德：恩惠，这里指感谢。

⑦国：域，即地方。

⑧直：同"值"。

⑨劳：慰劳，慰问。

⑩之：其，表示诘问语气。号：呼喊。永号：长叹。

【翻译】

大田鼠呀大田鼠，不许吃我种的黍！多年辛勤喂养你，你却对我不眷顾。发誓定要离开你，去那乐土求幸福。那乐土啊那乐土，才是我的安身处！

大田鼠呀大田鼠，不许吃我种的麦！多年辛劳喂养你，你却对我无恩惠。发誓定要离开你，去那乐国有仁爱。那乐国啊那乐国，才是我的好所在！

大田鼠呀大田鼠，不许吃我种的苗！多年辛勤喂养你，你却不慰劳我！发誓定要离开你，去那乐郊有欢笑。那乐郊啊那乐郊，谁还悲叹长呼号！

【解读】

《诗经·魏风·硕鼠》批判了不劳而获的"硕鼠"，表达了劳苦民众对"乐土""乐国""乐郊"的向往与追求。"乐土""乐国""乐郊"的构想体现了先民简洁纯朴的情感与社会理想。这一宝贵思想世代传承，成为后世人们追求理想社会的萌芽，此可谓"大同"思想的源头活水。

《论语·先进》

【选文】

子路、曾皙、冉有、公西华^①侍坐。

子曰："以吾一日长乎尔，毋吾以也^②。居^③则曰：'不吾知也！'如或知尔，则何以^④哉？"

子路率尔^⑤而对曰："千乘之国，摄^⑥乎大国之间，加之以师旅，因之以饥馑，由也为之，比及^⑦三年，可使有勇，且知方也^⑧。"夫子哂^⑨之。

"求，尔何如？"

对曰："方六七十^⑩，如^⑪五六十，求也为之，比及三年，可使足民。如其礼乐，以俟君子。"

"赤，尔何如？"

对曰："非曰能之，愿学焉。宗庙之事^⑫，如会同^⑬，端章甫^⑭，愿为小相^⑮焉。"

"点，尔何如？"

鼓瑟希^⑯，铿尔，舍瑟而作^⑰，对曰："异乎三子者之撰。"

子曰："何伤乎？亦各言其志也。"

曰："莫^⑱春者，春服既成，冠者^⑲五六人，童子六七人，浴乎沂^⑳，风乎舞雩^㉑，咏而归。"

夫子喟然叹曰："吾与^㉒点也！"

三子者出，曾皙后。曾皙曰："夫三子者之言何如？"

子曰："亦各言其志也已矣。"

曰："夫子何哂由也？"

曰："为国以礼。其言不让，是故哂之。"

唯㉓求则非邦也与？"

"安见方六七十如五六十而非邦也者？"

"唯赤则非邦也与？"

"宗庙会同，非诸侯而何？赤也为之小，孰能为之大？"

【注释】

①子路、曾皙、冉有、公西华：孔子的四位弟子。

②以吾一日长乎尔，毋吾以也：虽然我比你们稍微年长一点，但是你们不要因为我年长而说话有所顾忌。

③居：平日。

④何以：何以为用。

⑤率尔：轻率或急切的样子。

⑥摄：迫于，夹于。

⑦比（bì）及：等到。

⑧知方：懂得义方、礼仪。

⑨哂（shěn）：微笑。

⑩方六七十：纵横各六七十里，指小的国家。

⑪如：或者。

⑫宗庙之事：与祭祀相关的事宜。

⑬如会同：与诸侯相会之事宜。如，与。

⑭端章甫：穿着黑色礼服，戴着黑色礼帽。端，玄端，古代黑色礼服。章甫，古代黑色礼帽。

⑮小相：赞礼人，司仪。小，谦辞。

⑯希：同"稀"，指弹瑟的速度放慢，节奏逐渐稀疏。

⑰作：起身。

⑱莫：同"暮"。

⑲冠者：成年人。古代男子到20岁时行冠礼，表示已经成年。

⑳浴乎沂：在沂水中洗澡。沂：水名，发源于山东南部，流经曲阜南城，注入泗水。

㉑舞雩（yú）：祭天求雨的祭坛，在今山东曲阜南城仍有舞雩坛。

㉒与：赞同。

㉓唯：句首词，无实意。

【翻译】

子路、曾皙、冉有、公西华四个人陪着孔子就坐。

孔子说："我比你们稍微年长一点，你们不要因为我年长而有所顾忌。你们平常总说：'没有人了解我呀！'假如有人想要了解你们，那你们会怎样去做呢？"

子路连忙率直地说："假如有一个拥有一千辆兵车的国家，夹在大国中间，并且外部常常受到别国侵犯，国内又接连闹饥荒，让我去治理，只要三年，就可以使民众英勇，而且懂道义。"孔子听后微微一笑。

孔子又问："冉求，你会怎么样呢？"冉求回答道："方圆六七十里或五六十里的国家，让我去治理，只需要三年，就可以使百姓衣食丰足。至于这里的礼乐教化，就要等贤人君子来施行了。"

孔子又问："公西赤，你会怎么样呢？"公西赤回答道："我不敢说我能做到，只是愿意学习罢了。在宗庙祭祀的事情，或者在诸侯会盟中，我愿意身穿礼服，头戴礼帽，做一个赞礼的小小司仪。"

孔子又问："曾点，你会怎么样呢？"这时曾皙正在鼓瑟，弹瑟的速度逐渐放慢，听到孔子叫他，"铿"的一声，放下瑟站了起来，回答说："我想的和他们三位说的都不一样。"孔子说："这有什么关系呢？我们就是各自谈谈自己的志向罢了。"

曾皙说："暮春三月，已经穿上了新缝制的单夹衣，约上五六位成年人和六七个少年，一起去沂河里洗洗澡，在舞雩台上沐浴春风，一路歌咏着回家。"孔子长叹一声说："我赞成曾点的志向呀！"

子路、冉有、公西华三个人先告退了，曾皙留在后面。曾皙问孔子："他们三人说得怎么样？"孔子说："大家也就是各自谈谈自己的志向罢了。"曾皙再问："老师您为什么要笑仲由呢？"孔子回答："治理国家要知道讲究礼让，可是他说起话来一点儿也不谦让，所以我笑他。"曾皙又问："那么是不是冉求讲的不是治理国家呢？"孔子回答："哪里见得方圆六七十里或五六十里的地方就不是国家呢？"曾皙又问："公西赤讲的不是治理国家吗？"孔子回答："宗庙祭祀和诸侯会盟，这不是诸侯的事又是什么？像赤这样的人如果只能做一个小相，那谁又能做大相呢？"

【解读】

孔子与其四位弟子自述其政治抱负，从中可见孔子的政治理想。孔子主张"君子不器"，君子不是以某个特定的职业作为追求的。子路、冉有、公西华三人都想以担任一个具体的职位为追求，且开口就是想得国而治，都未言及为国以礼这一根本。孔子之所以赞赏曾皙的志向，是因为曾皙形象地描述了"仁"道和礼乐之治下的和谐景象——各遂其性，各得其所，赏心乐事，舒畅自适，这与孔子"老者安之，朋友信之，少者怀之"之志，对大同社会的理想追求，不谋而合。

《论语·子路》

【选文】

叶公①问政。子曰："近者说②，远者来。"

【注释】

①叶（旧读shè）公：楚国叶邑的官员。叶，古邑名。春秋时楚国领地，在今河南叶县南。

②说：通"悦"。

【翻译】

叶公问为政之道。孔子说："近处的人欢悦，远方的人来归附。"

【解读】

孔子看似是从"效果"上谈为政之道，近处的人欢悦，远方的人慕名而来。近处的人何以欢悦？无非是悦其"政泽"。为政对人有恩泽必然是善政、仁政，所以效果中已经涵摄了"仁"这一属性。"近悦"和"远来"，显然是有次第的，先"近悦"才能"远来"，所以善政是从自身做起的。"近悦远来"还包含孔子对和平的坚守或追求，孔子以"近悦远来"阐发了其对和平的构想。

《道德经·第八十章》

【选文】

小国寡民①。使②有什伯之器③而不用；使民重死④而不远徙⑤；虽有舟舆⑥，无所乘之；虽有甲兵⑦，无所陈⑧之。使人复结绳⑨而用之。至治之极。甘美食，美其服，安其居，乐其俗，邻国相望，鸡犬之声相闻，民至老死不相往来。

【注释】

①小国寡民：国家不大，民众不多。

②使：表假设，即使。

③什伯之器：各种各样的器具。什伯，超过十倍百倍，意为很多。

④重死：看重死亡，不肯轻易冒着生命危险去做事。

⑤徙：迁移，远走。

⑥舆：车子。

⑦甲兵：武器装备。

⑧陈：陈列，即派上用场。

⑨结绳：结绳记事，文字产生以前的记事方式。

【翻译】

国家不大，人民不多。即使有各种各样的器具，也并不使用；人民看重生命，轻易不做有危险的事，不向远离故乡的地方迁徙；虽然有船只车辆，但也根本不用；虽然有武器装备，却没有地方陈列，派上用场。虽然有文字，却让人民回到结绳记事的自然状态中。国家治理得极好，人民吃得香甜，穿得美观，住得安适，过得快乐。国与国之间互相望得见，鸡犬的叫声都可以听得见，但两国的人民一辈子也没有往来。

【解读】

老子设想的"小国寡民"崇尚自然，没有剥削，没有压迫，没有战争，没有掠夺，甚至没有文化，但民风淳朴质真。这种单纯而又质朴的理想世界成为后世人们在心中或在文学作品中构建"桃花源"的蓝图。它寄托着人们对美好生活的向往。

《庄子·马蹄》

【选文】

故至德之世①，其行填填②，其视颠颠③。当是时也，山无蹊隧④，泽无舟梁⑤；万物群生，连属⑥其乡；禽兽成群，草木遂⑦长。是故禽兽可系羁⑧而游，鸟鹊之巢可攀援而窥⑨。夫至德之世，同与禽兽居，族与万物并，恶乎知君子小人⑩哉！

【注释】

①至德之世：理想的社会。

②填填：行为端庄稳重。填，通"镇"，安定。

③颠颠：专一，专注。

④蹊（xī）：小路。隧：隧道。

⑤梁：桥。

⑥连属：连接的意思。

⑦遂：如愿地。

⑧系羁：用绳子牵引。

⑨鸟鹊之巢可攀援而窥：攀援，攀登爬越。窥，观察，探视。此句所描绘的情景与《晋书》所载的王澄探巢颇为相似：澄见树上鹊巢，便脱衣上树，探而弄之，神气萧然，傍若无人。刘琨谓澄曰："卿形虽散朗，而内实动侠，以此处世，难得其死。"澄默然不答。

⑩君子、小人：君子、小人往往有两重含义：君子可以指品德高尚的人，也可指地位高的统治者；小人可以指品德低下的人，也可指地位低的百姓。此处可兼言两层含义。

【翻译】

所以在大德昌盛的时代，人们做事迟缓稳重，眼神也都比较专注。在当时，山上没有路也没有隧道，水中没有船也没有桥梁；万物共生，比邻而居；鸟兽结群，草木顺性而长。所以，可以牵上鸟兽一起游玩，可以攀缘到树上看鸟鹊的窠巢。大德昌盛的时代，人和鸟兽同居，与万物并存，从哪里区分君子与小人呢？

【解读】

"同与禽兽居，族与万物并"的无为无欲、无争无言的美好景象，是大同理想的雏形。世人常拘泥于道家理想社会的形式，以为其原始，落后而不可行。深入道家精神世界，道家的社会理想与儒家大同社会的思想，其实高度契合，同是求得万物各顺己性，各得其生！"万物并育而不相害，道并行而不相悖，小德川流，大德敦化，此天地之所以为大也。"（《礼记·中庸》）

《桃花源记》

【作者简介】

陶渊明（365—427），字元亮，又名潜，私谥"靖节"，世称靖节先生，浔阳柴桑（今江西九江）人。东晋末年至南朝宋初期诗人、辞赋家。自幼修习儒家经典，爱闲静，念善事，抱孤念，爱丘山，有猛志，不同流俗。曾任江州祭酒、建威参军、镇军参军等职，最末一次出仕为彭泽县令，"不为五斗米折腰"，八十多天便弃职而去，从此归隐田园，是中国第一位田园诗人，被称为"古今隐逸诗人之宗"。

【选文】

晋太元①中，武陵②人捕鱼为业。缘③溪行④，忘路之远近⑤。忽逢⑥桃花林，夹岸⑦数百步，中无杂⑧树，芳草鲜美，落英⑨缤纷⑩，渔人甚异之⑪。复前行，欲穷⑫其林。

林尽水源⑬，便得⑭一山，山有小口，仿佛⑮若有光。便舍船，从口入。初极狭，才通人⑯。复行数十步，豁然开朗⑰。土地平旷⑱，屋舍俨然⑲，有良田美池桑竹之属⑳。阡陌交通㉑，鸡犬相闻㉒。其中往来种作，男女衣着，悉如外人㉓。黄发垂髫㉔，并㉕怡然㉖自乐。

见渔人，乃㉗大惊，问所从来，具㉘答之。便要㉙还家，设酒杀鸡作食。村中闻有此人，咸来问讯㉚。自云先世避秦时乱，率妻子邑人㉛来此绝境㉜，不复出焉，遂与外人间隔㉝。问今是何世㉞，乃不知有汉，无论㉟魏晋。此人一一为㊱具言㊲所闻，皆叹惋㊳。余人各复延㊴至其家，皆出酒食。停数日，辞去。此中人语云："不足㊵为外人道也。"

既出，得其船，便扶向路^㊶，处处志^㊷之。及郡下，诣^㊸太守，说如此^㊹。太守即遣人随其往，寻向所志，遂^㊺迷，不复得路。

南阳刘子骥，高尚士也，闻之，欣然规^㊻往。未果，寻^㊼病终，后遂无问津^㊽者。

【注释】

①太元：东晋孝武帝年号（376—397）。

②武陵：郡名，今湖南常德一带。

③缘：顺着，沿着。

④行：行走，这里指划船前行。

⑤远近：偏义复词，仅指远。

⑥逢：遇到。

⑦夹岸：两岸。

⑧杂：别的，其他的。

⑨落英：落花，或初开的花。

⑩缤纷：繁多而纷乱的样子。

⑪异之：以之为异，即对此感到诧异。异，意动用法，以……为异，对……感到诧异，认为……是奇异的。之，代指见到的景象。

⑫穷：穷尽，形容词用作动词，这里是"走到……的尽头"的意思。

⑬林尽水源：林尽于水源，桃花林在溪水发源的地方就没有了。尽，完，没有。

⑭得：看到。

⑮仿佛：隐隐约约，形容看得不真切的样子。

⑯才通人：仅容一人通过。

⑰豁然开朗：形容由狭窄幽暗突然变得宽阔明亮的样子。然，……的样子。豁然，形容开阔敞亮的样子。开朗，开阔明亮。

⑱旷：空阔，宽阔。

⑲俨（yǎn）然：整齐的样子。

⑳属：类。

㉑阡陌交通：田地间小路纵横交错相通。阡陌，田间小路，南北走向的叫阡，东西走向的叫陌。交通，交错相通。

㉒鸡犬相闻：村落间能相互听见鸡鸣狗叫的声音。相闻，可以互相听到。

㉓外人：桃花源以外的世人。

㉔黄发垂髫（tiáo）：老人和小孩。黄发，旧说是长寿的象征，指老人。垂髫，垂下来的头发，指小孩子。髫，小孩垂下的短发。

㉕并：都。

㉖怡然：愉快、高兴的样子。

㉗乃：竟然。

㉘具：通"俱"，全，详细。

㉙要：通"邀"，邀请。

㉚问讯：询问消息，打听消息。

㉛邑人：同乡（县）的人。邑，古代区域单位。

㉜绝境：与人世隔绝的地方。

㉝间隔：隔断，隔绝。

㉞世：朝代。

㉟无论：不要说，不必说。

㊱为：对，向。

㊲具言：详细地说出。

㊳叹惋：感叹惋惜。惋，惊讶，惊奇。

㊴延：邀请。

㊵不足：不值得。

㊶便扶向路：就顺着旧的路（回去）。扶，沿着，顺着。向，从前的，旧的，来时的。

㊷志：做标记。

㊸诣（yì）：到。

㊹如此：像这样，指在桃花源的见闻。

㊺遂：终于。

㊻规：计划。

㊼寻：随即，不久。

㊽问津：问路，此指访求、探求。津，渡口。

【翻译】

东晋太元年间，武陵郡有个人以打鱼为生。一天，渔人顺着溪水行船，忘记了路程的遥远。忽然遇到一片桃花林，生长在溪水的两岸，两岸几百步，其间没有别的树，地上芳草鲜嫩而美丽，落花繁多纷纷散在地上。渔人见到了这般景色，感到十分诧异，继续往前行船，想走到这片林子的尽头，探个究竟。

桃花林的尽头就是溪水的发源地，这里出现了一座山，山上有个小洞口，洞里隐隐约约有点光亮。于是，渔人下了船，从洞口进去。起初洞口很狭窄，仅容一人通过。又走了几十步，突然变得开阔明亮起来。这里土地平坦宽广，房屋整整齐齐。还有肥沃的田地，美丽的池沼、桑树竹林之类的。田间小路纵横交错，相互贯通，鸡鸣狗叫彼此都能听到。人们在田野里来来往往，耕种劳作，男女的穿戴跟桃花源以外的世人完全一样。无论是老人还是小孩，都充满喜悦之情，自得其乐。

村里人见到渔人，竟然感到极为惊讶，询问他是从哪儿来的。渔人详细作了回答。村里有人邀请他到自己家里做客，备酒、杀鸡、做饭来款待他。村里的人听说来了这么一个人，就都来向渔人打听消息。村里人自己说，他们的祖先为了躲避秦时战乱，领着妻子儿女和乡邻来到这个与人世隔绝的地方，不再外出，因而跟外面的人断绝了来往。他们问渔人现在是什么朝代，他们竟然不知道有过汉朝，更不必说知道魏晋两朝了。渔人把自己知道的事详尽地告诉了他们，他们听完以后都感叹惋惜。其余的人各自又把渔人请到自己家中，都拿出酒饭来款待他。渔人停留了几天，向村里人告辞离开。村里的人对渔人说："我们这个地方不值得对外面的人说啊！"

渔人出来以后，找到了他的船，就顺着旧路回去，处处做标记。到了郡中，到太守那里汇报了自己这番经历。太守立即派人跟他前往，寻找以前所做的标记，最终迷失了方向，再也找不到通往桃花源的路了。

南阳人刘子骥是个品德高尚的隐士，听到这件事后，高兴地计划前往。但没有实现，不久因病去世了。此后，就再也没有探求桃花源的人了。

【解读】

《桃花源记》写于晋与南朝宋交替之际。当时，政治不清明，战火连年，民不聊生。《桃花源记》虚构了一个渔人偶入桃花源的故事，展现了人们各安其位、各得其所、怡然自乐的社会生活景象。桃花源里的美好生活图景，像一面镜子，照出了现实的黑暗，反映了广大人民向往与追求美好社会生活的意愿。"桃花源"是我国古代历史上颇具魅力的理想蓝图之一，成为后代思想家构建理想国度的重要借鉴，表现出经久不衰的思想魅力。

《西京隐乡》

【作者简介】

康与之，字伯可，号退轩，一号顺庵，洛阳人，居滑州（今河南滑县），南渡后居嘉禾（今浙江嘉兴）。南宋高宗建炎初（1127）上"中兴十策"，不为用，但名振一时。有诗文传世。

【选文】

老人引杨氏入山之大穴，鸡犬陶冶①，居民之大聚落也。至一家，老人谓曰："此公欲来，能相容否？"对曰："老人肯相引至此，则必贤者矣。吾此间凡衣服、饮食、牛畜、丝纩②、麻枲③之属，皆不私藏，与众共之，故可同处。子果来，勿携金珠锦绣珍异等物，所享者惟薪米鱼肉，此殊不缺也。惟计口授地④，以耕以蚕，不可取食于人耳。"杨谢而从之。又戒曰："子来或迟，则封穴矣。"迫暮，与老人同出。

【注释】

①鸡犬陶冶：相当于"鸡犬相闻"，鸡鸣狗吠的声音都能听到，指人烟稠密。陶冶，怡养性情，这里指悠闲和乐。

②丝纩（kuàng）：丝和丝绵。

③麻枲（xǐ）：麻的种植与纺织之事。

④计口授地：按照人口数量划分土地。

【翻译】

老人带领姓杨的人来到一个人山洞，鸡和狗都悠闲自在地生活着，人们都和睦地住在一起。到了一户人家，老人对这户人家说："这个人（杨氏）想来这里住，可以留他在这里定居吗？"这家的人回答说："您老人家既然带他来到我们这儿，那他一定是有贤德的人。我们这里所有的衣服、饮食、牛畜、丝及丝绵、麻织品之类的东西，都不归私人所有，是大家共享的，所以可以一起生活。你果真要来，请不要携带金银珠宝这些珍贵奇异的东西，人们日常所用的只有柴米鱼肉，这些东西都是特别充足的。我们这里只是按照各家的人数分给人们土地，土地用来耕种和养蚕，自食其力，不能从他人那里得到食物。"姓杨的人道谢并且听从了他的安排。穴中人又告诫道："你如果来得晚了，山洞就封上了。"将近夜晚，姓杨的人与老人一起出了山洞。

【解读】

本篇所描述的西京隐乡，可谓翻版的桃花源。人们生活平实质朴，不尚珍异；自食其力，不取食于人；民大聚落而居，和睦融洽，鸡犬陶冶。所描述的美好情景，虽然只是梦境，但体现了身处社会底层的人们对美好生活的向往。

「大同」故事

一、祁奚荐贤

祁奚，又称祁黄羊，春秋时晋国人，因食邑于祁（今山西祁县），遂为祁氏。晋悼公即位后，祁奚被任为中军尉，为四朝元老，不偏私不结党，忠公爱国，誉满朝野，深受人们爱戴。

据《左传》记载，周灵王二年（前570），祁奚因年老向晋悼公请求退休。晋悼公问他说："您觉得谁适合接替您中军尉的职务啊？"祁奚回复他说："解狐可以接替我的职位。"解狐是祁奚的大仇人。

晋悼公接受了祁奚的建议，准备任命解狐为中军尉，解狐还没上任就死了。

晋悼公又找到祁奚，请他推荐新的中军尉人选。

祁奚回复说："祁午可以担任中军尉。"祁午是祁奚的儿子。

就在这个时候，负责辅佐中军尉的羊舌职死了，晋悼公问祁奚说："谁可以接替羊舌职的职位？"

祁奚回答说："羊舌赤可以。"羊舌赤是羊舌职的儿子。

晋悼公接受了祁奚的建议，任命祁午做了中军尉，并任命羊舌赤辅佐他。

晋悼公问祁奚说："解狐是您的仇人，我问您谁可以接替您的职位，您为什么举荐他啊？"

祁奚回复说："您当时问我谁能接替我的职位，我为什么要考虑谁是我的仇人？"

晋悼公问祁奚说："祁午是您的儿子，我问您谁可以担任中军尉，您举荐他，不怕别人说您任人唯亲吗？"

祁奚回复说："您当时问我谁能担任中军尉，我为什么要考虑谁是我的儿子？"

晋悼公问祁奚说："羊舌赤是您原来的下属羊舌职的儿子，我问您谁可以担任中军尉佐，您举荐他，不怕别人说您想要结党营私吗？"

祁奚回复说："您当时问我谁能担任中军尉佐，我为什么要考虑谁是我下属的儿子？"

孔子赞扬祁奚说："祁黄羊说得太好了，外举不避仇，内举不避子，祁黄羊可称得上公道。"

二、解狐荐仇

解狐，春秋时晋国大夫，曾出任南阳令，政绩突出，受到百姓普遍好评。解狐为人正直廉洁，公私分明，经常向执掌晋国国政的大夫赵简子举荐高官，包括举荐自己的仇人。

解狐有个叫芝英的爱妾，生得貌美体娇，如花似玉。可是有一次，他听说他的家臣荆伯柳与芝英私通。解狐以为荆伯柳很忠实，传言不足为信。第二天，解狐突然接到晋君旨意，要到边境巡视数月。由于任务紧急，解狐连亲近的荆伯柳都没带，就匆匆出发了。芝英不由心中窃喜，没过两天，就偷偷地溜进了荆伯柳的房间，两人正在如胶似漆的时候，房门突然大开，解狐满面怒容，带着侍卫站在门口儿。原来，他根本就没有接到去巡边的命令，而是就近躲了起来，一接到报告，就马上回府，果然逮个正着，解狐对两人拷打审问后，双双赶出了解府。后来，赵简子领地的头领职位空缺，就让解狐帮他推荐一个精明能干、忠诚可靠的人。解狐觉得只有他原来的家臣荆伯柳比较合适，于是就向赵简子推荐了他。赵简子听从了解狐的意见任命了荆伯柳。荆伯柳果然把赵简子的领地治理得井然有序。赵简子对其十分满意，并当着荆伯柳的面夸奖解将军没有看错人。荆伯柳这才知道是解狐推荐了自己，十分感动，前去拜谢解狐。解狐叫门官问他是因公事来还是因私事来，荆伯柳向着府中解狐住的地方遥遥作揖，并说："我今天赴府，是专门请罪来了。荆伯柳早年投靠解将军，蒙将军晨昏教诲，像再生父母一样。伯柳做了对不住将军的事，心中本就万分惭愧。现在将军又不计前嫌，秉公举荐，让我更感激涕零。"不一会儿，解狐突然出现在门前台阶上，手中张弓搭箭，向他狠狠射出一箭。荆伯柳还来不及躲闪，那箭已擦着他耳根飞过去了，他吓出了一身冷汗。解狐接着又一次张开弓箭瞄准他，说："我推荐你，那是为公，因为你能胜任；你我之间却有夺妻之恨，你还敢上我家来？再不走，射死你！"荆伯柳这才明白，解狐依然对自己恨之入骨，他慌忙在远处施一礼，转身逃走。

韩非主张"私怨不入公门",解狐公私分明,真正做到了"外举不避仇",令人赞叹。

三、季札挂剑

季札,春秋时期吴国人。季札淡泊名利,谦恭礼让,有避让王位之厚德,见微而知清浊,广交当世贤士,致力于弘扬华夏文化。

据《史记·吴太伯世家》和《新序·杂事卷七》记载,有一次,季札出使晋国。途中,季札佩带着宝剑前去徐国拜访徐国国君。见面之后,徐国国君被季札腰间的宝剑所吸引,脸上流露出对这把宝剑的无限喜爱。季札因为出使上国的需要,不能立即将宝剑献给徐国国君,但在心里决定出使归来将剑赠送给徐国国君。不料,在季札出使晋国时期,徐国国君不幸去世了。

出使结束以后,季札前去徐国找到了继位的徐国新君,将腰间的宝剑解下,准备送给徐国新君。随从人员见势,立马阻止季札说:"这可是咱们吴国的国宝啊,不能用来随便作赠礼啊。"季札说:"我不是赠给他,是还给他。前些日子我途经这里,徐国国君观赏了我的宝剑,虽然嘴上没有说什么,但他的脸色透露出想要这把宝剑的表情;我因有出使上国的任务,当时没有献给他。尽管如此,但在我心里已经许诺给他了。如今他去世了,我若不把宝剑进献给他,这是欺骗我自己的良心。因为爱惜宝剑而违背自己的良心，正直的人是不会这样做的。"于是季札将宝剑呈送给徐国新君。徐国新君说："先君并没有留下遗命要接受您的宝剑，所以请恕我不敢接受。"

徐国新君并未接受宝剑。季札就去了徐国原国君的墓地，将宝剑挂在墓边的树上，然后返回吴国。徐国人因此赞美季札并歌颂道："延陵季子兮不忘故，脱千金之剑兮带丘墓。"

四、子罕拒玉

子罕，春秋时期宋国的一位贤臣，官至司城，位列六卿。

据《左传·襄公十五年》及《韩非子·喻老》记载，一位宋国人得到一块玉石，中国自古都以美玉喻君子，这位宋国人因为仰慕子罕，便决定将这块玉石进献给子罕。子罕鉴赏了这块玉石之后，赞叹不已，但却摇头不肯接受。献玉的人感到非常奇怪，对子罕说："大人，我请工匠看过，这可是稀世美玉。我把如此珍贵的宝物进献给您，您怎么还不肯接受呢？"子罕说："您把美玉当作宝，可是，对我而言，不贪婪才是我挚爱的'宝物'。如今，您把您的宝物送给我，我一旦收下，您就失去了美玉，我也失去了不贪的美德，咱俩都失去了自己的宝物，何必如此啊？我们还是都各自奉持好自己的宝物吧。"献玉的人恭恭敬敬地说："我拥有这块美玉，却不能把它带入他乡；献出这块美玉，只是想求得免于死难。"鉴于此，子罕派人让当地玉匠将这块玉石加工、雕琢，再卖掉，使献玉者富裕之后，便让献玉人回到自己的家乡。

五、国有三不祥

《晏子春秋》记载，齐景公外出打猎，上山时遇到了老虎，到了沼泽地又遇见了蛇。返回宫中，景公召见晏子，问晏子说："今天我外出打猎，上山就见到了老虎，到沼泽地就见到了蛇，这大概是所说的不祥之兆吧？"晏子回答说："国家有三种不祥之兆，您刚说的这些都不在其中。有贤德之人国君却不了解他，这是第一不祥；了解了却不任用他，这是第二不祥；即使任用了却不加以信任，这是第三不祥。所说的国家不祥之兆，指的是这样一些情况。您今天上山碰到老虎，山是老虎的家呀；您下沼泽遇见蛇，沼泽是蛇的窝啊。到虎穴去就见到了老虎，到蛇洞去就见到了蛇，这一点儿也不奇怪，完全是意料之中的事，怎么能说是不祥之兆呢？"

六、踊贵屦贱

齐国都城临淄有几棵品种罕见的槐树，齐景公见后特别喜欢，就特地派了几名卫士精心看守，还命人在树旁立了一块牌子，上面写着："碰撞槐树者，刖脚；损伤槐树者，砍头！"

有一天，一个醉汉喝得醉醺醺的，一不小心撞到了槐树上。看守槐树的卫士就把他抓了起来，准备过几天对其处以刖（yuè）刑（也就是刖脚）。醉汉的女儿，听闻父亲被抓，就急忙去找初为齐相的晏子求情。醉汉的女儿含着泪对晏子说："我父亲酒后不小心碰撞了国君喜爱的槐树，不久就要被处以刖刑。我听说，贤明的君主不会为私恨而破坏公法，不会为禽兽而戕害百姓，不会为野草而伤害禾苗。所以，我才敢来恳求您救救我的父亲。"晏子听后，答应了醉汉女儿的请求，决定想办法解救她的父亲。

第二天，恰巧齐景公前来看望晏子。齐景公觉得晏子的住所太过狭小，决定给晏子换一处好一些的大房子。齐景公对晏子说："您的房子这么矮小，距离市场又太近，肯定比较吵闹。我给您换一处环境幽美、宽敞舒适的房子吧！"晏子回复景公说："这里是我们家的祖宅，我们家祖祖辈辈都住在这里。这里尽管离市场近些，但买东西很方便，所以就不需要更换了。"齐景公一听，就开玩笑地问："相国离市场这么近，您肯定知道什么东西昂贵、什么东西便宜吧？"晏子想到了那个醉汉女儿提到的事，便回答说："齐国有一种反常现象：卖踊（受过刖刑的人穿的鞋）的生意兴隆，卖屦（jù，普通人穿的鞋子）的尽管鞋价很便宜，但就是卖不出去，可谓'踊贵而屦贱'啊！"机敏聪慧的齐景公马上领悟到了晏子的用意，后悔自己因为别人撞着自己喜欢的槐树就砍掉人家的脚，羞得面红耳赤，立刻下令释放所有碰撞过槐树的人，撤回了看守槐树的守卫，同时取消了有关槐树的禁令。

七、景公出游于寒涂

　　据《晏子春秋》记载，一年冬天，齐景公到郊外巡游。路上，齐景公看到没被掩埋的饿莩，居然漠不关心，不闻不问。就此，晏子劝谏说："从前，我们的先君桓公出游时，看到饥饿的人，就会为他们提供食物；看到患有疾病的人，就会提供钱财帮助他们治疗；还下令免除他们的劳役，不再向他们征税。正因如此，每当桓公将要出游时，老百姓听闻后都会高兴地说：'君王想必能到我们乡里来巡游吧！'如今，君主您冬日郊游，住在都城周围四十里内的百姓，用尽财物不能够完成赋税，费尽体力不能够完成劳役，老百姓饥寒交迫，因冻饿而死的尸体到处都是，而君王却不闻不问，这就失去做国君的仁道了。百姓若财穷力尽，就无法拥戴国君；国君若骄恣放纵，奢侈无度，就无从爱护民众。上下之间离心离德，君臣不相亲近，这恰恰是夏、商、周三代衰亡的原因啊！如今，君王重蹈三代的覆辙，我担心君王的公族面临危亡，君位将被异姓所替代。"景公说："是这样啊！国君只顾自身享乐而忘了百姓的疾苦，只知横征暴敛而不顾民众的死活，我的罪过太大了啊！"随即下令埋葬饿莩，发放公粮来救济贫民，并令周围四十里内的百姓，一年之内不服劳役。之后，景公三个月都没外出巡游。

八、晏子谏景公行其所善

晏婴，春秋时齐国上大夫，历事齐灵公、庄公、景公三朝，辅政长达50余年，富有政治智慧和仁爱精神，作风朴素，谦恭下士，秉公无私，体恤民情，屡谏齐君。

据《晏子春秋》记载，有一年冬天，大雪连续下了几天几夜还不放晴。齐景公披着白色的狐皮大衣，坐在厅堂欣赏雪景。晏子进来朝见，站立了一会儿，景公说："真奇怪啊！大雪连下了几天，但是天气就是不冷。"晏子反问道："天气不冷吗？"景公笑了。晏子接着说："我听说，古代贤明的国君，自己吃饱了却知道别人的饥饿，自己温暖了却知道别人的寒冷，自己安逸了却知道别人的劳苦。如今，君王您不知道了。"景公说："说得好！我接受你的教诲了。"于是下令安排人，为那些受冻挨饿的人发放皮衣和粮食。景公还命令：在路上见到的，不必问他们是哪个乡的；在里巷见到的，不必问他们是哪家哪户的；巡视全国统计数字，不必记录他们的姓名。凡是已有职业的士人，均发给两个月的粮食；凡是有疾病的患者，均发给两年的粮食。

晏子善于进谏，以古之贤君"饱而知人之饥，温而知人之寒，逸而知人之劳"的仁爱之道，成功地劝谏齐景公行善爱民。孔子听到此事后，深有感触地说："晏子能够明确表达他体恤民众的愿望，景公则能实行他认识到的善政。"

九、曾子辞邑

　　曾参，鲁国著名的贤人，颇得孔子真传，是儒家学派的重要代表人物，有"宗圣"之称。据刘向《说苑·立节》记载，曾子家境非常贫寒，只能穿着破旧的衣裳在地里耕种。鲁国的国君得知以后，就赏赐给他一座城邑作为封地。前来封赏曾子的人告诉曾子说："国君封赏给您一座城邑，希望您用这座封邑的收入，买一些华美的衣服。"曾子毫不犹豫地拒绝了国君的封赏。前来封赏的人只好无奈地回去复命。

　　不久，鲁国国君再次封赏曾子，曾子还是不肯接受。派来封赏的人非常不解地问："先生，我们都知道您品德高尚，但是，这些封赏又不是您求着国君给您的，完全是国君想要赏赐给您的，为什么不接受呢？"曾子回复说："我听说，给人家东西的人免不了要露出点高傲的神色，而凡是接受了赠送的东西的人，就怕得罪人家。国君赠送我封地，尽管没有对我表现出骄傲的神色，但我也得处处小心，就怕得罪他！"

　　曾子最终还是没有接受鲁国国君的封赏。孔子知道了这件事后很高兴，对弟子们说："曾参做得太好啦！他是能够保全自己名节的人。"

十、曾子杀彘

曾参，以孝著称，被尊称为曾子，奉为宗圣。

据《韩非子·外储说左上》记载，有一天，曾子的妻子要到集市上去。儿子就跟随在妈妈后面哭着喊着要一起去集市。曾子的妻子就对儿子说："你先回去，等我赶集回来后杀猪给你吃。"妻子从集市上回来时，曾子正在准备杀猪。他的妻子马上阻止说："我只不过是跟儿子开个玩笑罢了。"曾子说："绝不可以与儿子开这种玩笑。儿子什么都不懂，他只向父母学习，听从父母的教导。现在你欺骗了他，这就是在教育他欺骗别人。母亲欺骗儿子，儿子就不会再相信他的母亲了，这不是正确的教育孩子的方式啊！"于是，曾子杀了猪，煮肉给孩子吃。

十一、君欲治从身始

狐卷子是战国时魏国人，周平王的次子姬狐的代代，其因贵族出身，故对政治特别关心。据《韩诗外传》记载，他曾与魏文侯魏斯讨论国家大事。公元前445年，魏文侯继承祖父魏桓子的家业，在位50年，选贤任能，内修德政，外治武功，使魏国成为战国时期中原的霸主。

有一次，魏文侯问狐卷子："父亲贤明，儿子就可以依赖吗？"狐卷子回答说："不可以。""儿子贤明，父母就可以依赖吗？""不可以。""兄长贤明，弟弟就可以依赖吗？""不可以。""弟弟贤明，兄长就可以依赖吗？""不可以。""臣子贤明，君主就可以依赖吗？""不可以。"文侯立刻变了脸色，怒气冲冲地责问道："我连着问了您五个问题，您都说不可以，这是为什么？"狐卷子回答说："父亲贤明，没有能超过尧的，而他的儿子丹朱傲慢荒淫，后被流放；儿子贤明，没有超过舜的，而舜的瞎眼父亲与小儿子象合谋杀害舜，后被拘禁；兄长贤明，没有能超过舜的，而他的弟弟象被放逐；弟弟贤明，没有能超过周公旦的，而他的兄长管叔因搞叛乱被杀；臣子贤明，没有能超过商汤和周武王的，而其主夏桀和商纣因荒淫残暴，遭到讨伐。所以，老是指望依赖他人，是不会达到目的的；总是仗恃他人，也是不会长久的。同样的道理，您想使国家得到治理，应该从自身做起。别人有什么可以依赖的呢？！"

狐卷子通过确凿的历史事实，无可辩驳地证明了"望人者不至，恃人者不久"的道理，得出"君欲治从身始"的结论，令魏文侯不得不信服。

十二、惠王问宝

魏惠王即位之时，魏国正值强盛时期，魏都由安邑迁往大梁后，魏国亦称梁国，魏惠王又称梁惠王。

公元前355年，魏惠王与齐威王一起打猎。魏惠王问齐威王："大王有何宝物？"齐威王心里明白，魏惠王这是要向自己夸耀国力了，于是便以退为进地说："我没什么宝物。"于是，魏惠王不无自豪地说："魏国虽小，却有直径一寸长的夜明珠一颗，尚能照亮十二辆车子。像齐国这样地域辽阔、人口众多、光兵车就有万辆的泱泱大国，难道连这样的宝贝都没有吗？"齐威王听了魏惠王的话，很不以为然地说："我的珍宝与你的大不一样。你的珍宝是死的，我的珍宝是活的；你的珍宝会引出乱子，我的珍宝能卫国安民；你的珍宝有价，而我的珍宝无价。"魏惠王一听，大惑不解地问："是何宝物如此厉害？！"齐威王说："我有大臣檀子，镇守南城，强大的楚国不敢侵犯我边境，泗上诸小国一一来朝。我有能臣盼子，镇守高唐，赵人不敢东到黄河来捕鱼。我有贤臣黔夫，镇守徐州，吓得燕人北门祈祷，赵人西门祈祷，祈求神灵保佑，并且有千余户归顺了齐国。我有良吏种首，负责国内治安，人民夜不闭户，路不拾遗。我有这四位能臣贤相，他们就是我的宝物，岂止照亮十二辆车子？！"一席话，让魏惠王惭羞难容，自甘认输。

十三、商鞅徙木立信

商鞅，战国时期政治家，法家代表人物，在秦初任左庶长，开始变法。

据《史记·商君列传》记载，秦孝公启用商鞅推进变法，商鞅起草审核了所有的变法条令，但非常担心老百姓不相信，于是想了一个主意。商鞅命人在都城中人员往来最频繁的南门立起了一根三丈高的木头，在木头旁边的城墙上贴出告示："凡是将这根木头搬到北门的人，赏十两黄金！"老百姓得知告示的内容之后，都觉得不可思议，很多人围着告示和木头面面相觑，嘀嘀咕咕："搬根木头就给十两黄金，谁信啊？""哪有这样的好事？"老百姓议论纷纷，就是没人肯搬这根木头。

商鞅得知老百姓并不相信天下有这等好事后，命令属下修改告示，将赏金提升至黄金五十两。这下连商鞅的属下都不相信这是真的了。老百姓得知赏金升到了五十两之后，更是觉得不合乎情理，很长时间仍旧没人敢去扛。正在大家沸沸扬扬地讨论时，终于有一位不怕受骗的壮汉挤过人群，来到立着的木头前，扛起木头，一直搬到了北门。

商鞅立刻下令，当众赏给搬木头的壮汉五十两黄金。此事史称"徙木立信"，随即引起了巨大轰动，全国老百姓都知道了商鞅是一个信守诺言、言出必行的人，从此商鞅宣示并开展变法。商鞅在其位十九年，令行禁止，秦国大治，史称"商鞅变法"。

十四、齐威王行赏罚

齐威王，在位36年，修明法制，赏罚分明，礼贤重士，选贤任能，善于纳谏，国力日盛。

齐威王的左右近臣都说阿城大夫有能力，而即墨大夫官风败坏。齐威王使人视察暗访，其结果与左右说的截然相反。齐威王便召见即墨大夫，对他说："自从派遣你到即墨任地方长官以来，几乎每天都有指责你执政不力的话传来。然而，我派人去即墨察看，发现却是开垦了良田，人民丰衣足食，官府没有积压待办之事，东部各地安宁有序。这足以证明你没有徇私舞弊，没有巴结我左右亲近的人帮你说好话。"随即封赐即墨大夫享用一万户的俸禄，以示褒奖。接着，齐威王又召见阿城大夫，对他说："自从你镇守阿城以来，几乎每天都有称赞你政绩的好话传来。我派人前去察访了阿城，却发现田地荒芜，百姓贫困饥饿，民不聊生。不久前，赵国攻打鄄邑，你不派兵援救；卫国夺取了薛陵，你竟然对此全然不知。这足以证明，你那些所谓的优良政绩，都是你用重金来买通我的左右近臣以求替你说的好话吧！"当天，齐威王下令把阿城大夫及替他说好话的左右近臣一并处死。通过这件事情，齐国众臣都受到了震撼和教育，没人再敢像阿城大夫那样买通威王的亲信而作假邀功，也没人再敢置百姓疾苦不顾而懈怠。齐国由此而大治，并奠定了强盛的根基。

十五、庄暴见孟子

据《孟子·梁惠王下》记载，有一天，齐宣王的近臣庄暴遇到孟子，对孟子说："我前几日被齐王召见，齐王告诉我他很喜欢音乐，我不知道如何应答。"

庄暴接着又问孟子说："齐王很喜欢音乐，该如何看待这件事呢？"

孟子说："齐王如果非常喜欢音乐，那么齐国可能就会治理好了！"

几天后，孟子在觐见齐王时问道："大王曾经告诉过庄暴，您很喜欢音乐，有这件事吗？"

齐王脸色突然一变，不好意思地说："我并不是喜欢先王清静典雅的音乐，只不过喜欢当下世俗流行的音乐罢了。"

孟子说："大王您如果非常喜爱音乐，那齐国应该就会治理得不错了！在这件事上，当下的流行俗乐与古代的雅乐相差无几。"

齐王说："能让我知道这其中的道理吗？"

孟子说："独自一人欣赏音乐可以感到快乐，和他人一起欣赏音乐也会觉得快乐。请问大王您一个人欣赏音乐快乐还是与大家一起共赏音乐快乐呢？"

齐王说："独自欣赏不如与大家一起欣赏音乐更快乐。"

孟子说："请允许我为大王谈一下什么是真正的快乐。假如今天大王在这里演奏音乐，百姓们听到大王鸣钟击鼓、吹箫奏笛的音乐声，一个个都愁眉苦脸地相互诉苦说：'我们的大王这么喜欢音乐，但为什么会让我们生活得这般穷困潦倒呢？父子之间不能相见，兄弟和妻儿四处颠沛流离。'假如大王在狩猎，百姓们听到大王车马的喧嚣声，见到华丽的仪仗，都愁眉苦脸地相互诉苦说：'我们的大王这么喜欢狩猎，但为什么会让我们生活得这般穷困潦倒呢？父子之间不能相见，兄弟和妻儿四处颠沛流离。'民众之所以会有这样的反应，没有别的原因，就是由于大王您不能和民众一起共享欢乐的缘故。"

孟子接着说："假如大王今天在这里奏乐，百姓们听到大王鸣钟击鼓、吹箫奏笛的音乐声，都满面欢喜地相互转告说：'我们的大王很可能身体康健，没有疾病吧，不然怎么能奏乐呢？'假如大王外出狩猎，百姓们听到大王车马的喧嚣声，见到华丽的旗帜，都眉开眼笑地相互转告说：'我们大王很可能身体康健，没有疾病啊，不然怎么能狩猎呢？'这没有别的原因，是因为大王能和百姓们一起共享欢乐的缘故。假如大王能和百姓们同乐，那就可以成就王道了。"

十六、千金市骨

据《战国策》记载，公元前314年，燕国爆发了内乱，齐国趁机出兵，攻占了燕国都城，侵占了燕国的大量土地。公元前312年，燕昭王被拥立为国君，决心招纳天下贤才，励精图治，报齐灭燕之仇，并复兴燕国。可是燕昭王无论怎么样号召，见效甚微。于是，燕昭王就向大臣郭隗（wěi）请教招贤纳士的计策。

郭隗没有直接说出他的对策，先给燕昭王讲了古人千金买骨的故事："古代有位国君非常喜爱千里马，愿出千两黄金高价购买一匹，苦苦求购了三年，都没能如愿，为此而天天郁郁寡欢。国君的一位侍臣对国君说：'陛下，就让我去寻找千里马，为您解忧吧。'国君欣然应允，让他带上千两黄金立即上路。这位侍臣遍访全国，用了三个多月时间才打听到某地有一匹千里马。他立即起身，可当他赶到时，那匹千里马已经死去了。侍臣不禁痛哭流涕，经过再三考虑，他突然破涕为笑。侍臣决定将这匹死马的尸骨买走，并给了马的主人五百两黄金的天价。带上这匹马的尸骨，侍臣高兴地返回王宫。国君听说侍臣满面春风而归，欣喜不已，急忙召见询问千里马的情况。侍臣高兴地禀报：'陛下，千里马我尚未寻得，但也算找到了。因为，我花五百两黄金给国君买下了一件礼物。'侍臣边说着，边将'礼物'呈上。国君一看，是一副马的尸骨，勃然大怒："这算什么？我要日行千里的宝马，你却花了五百两黄金给我买回一堆骨头。你居心何在啊？'侍臣不慌不忙地解释：'请陛下息怒。千里马实在难求啊，马主人感受不到足够的诚意，是绝对不会出手的。现在连千里马的尸骨，陛下都肯用五百两黄金购得，活马的身价就更不必说了。您求购千里马的诚意一定会被迅速传开，天下皆知陛下真心求购，相信不用多久就会有人将千里马呈送到您面前。'果然，不出一年，各地就为这位国君送来了多匹千里马。"

燕昭王边听边沉思。

郭隗继续说道："大王既然要不惜重金访求贤才，我甘愿做那'千里马的尸骨'。大王若重金'收购'了我，自然会有'千里马'投奔而来。"燕昭王听后如梦方醒，随即诏告天下，封郭隗高官，给他优厚的俸禄，且以学生之礼相待，为他筑造宫室，堂号为"尊贤堂"。

燕昭王尊贤爱才的美名传扬天下，乐毅自魏往，邹衍自齐往，剧辛自赵往，各国英豪纷纷归附燕国，燕国因此而强大起来。

十七、淳于恭养孤抚幼以善待盗

淳于恭，东汉著名仁者，清静不慕荣名。

据《后汉书》记载，王莽末年，出现饥荒年景，盗乱四起。

淳于恭之兄淳于崇落入强盗之手，将被烹食，淳于恭恳请代兄赴死，最终都得以幸存。后来淳于崇过世，淳于恭养孤抚幼，施以教诲，有不如法之处，就用杖自责，促使孩子醒悟，孩子们果然惭愧而自新。

淳于恭家有山田果树，当时闹饥荒，经常有人去他家的田地里偷偷采果和割稻。对此，淳于恭能宽容善待，一旦遇到有人采果子，他就去帮助他们采摘，并让偷果实的人把果子带走。有时担心偷割庄稼的人遇见他会感到羞愧，他就趴伏在草丛中，等到割庄稼的人从容离去再站起来。因为淳于恭的善行，使村里的人在感动和感激中，颇有尊严地渡过了饥荒。饥馑过后，受到教化的村民，很少再有人干偷盗的事。

兵荒马乱，盗贼侵扰，百姓不能从事农桑。生命都难保，村民们也不愿意耕种，苟且活着。淳于恭常常独自一人耕田。乡人劝阻他道："时势正是大乱，死生还不可知。何必白白地劳动自讨苦吃呢？"淳于恭对乡人说："纵我不得，它人何伤！"意思是说：即使到时自己死了享受不到果实，那留给别人享用又有什么关系呢！依然耕耘不辍。

淳于恭病逝后，朝廷诏书褒奖赞叹，在其家乡刻碑表彰。

十八、杨震暮夜却金

杨震，东汉时期名臣。为官正直，不屈权贵，屡次上疏直言时政之弊。

据《后汉书·杨震列传》记载：杨震出仕以后，做了荆州刺史。在荆州刺史任上，他向朝廷举荐了许多贤人，其中包括才华出众、能力超群的王密，向朝廷举荐他担任了昌邑令。后来，杨震调到东莱担任太守。杨震在赴任的路上途经王密治下的昌邑。自己的老领导，又是对自己有知遇之恩的恩师要路过自己所任职的地方，王密自然隆重欢迎，亲率众人到郊外恭迎杨震。晚上，王密前往杨震住处拜会，两人交谈甚欢，不知不觉间，夜色已深。王密看看天色，觉得是时候该让恩师休息了，便准备告辞，起身从自己怀中捧出了一包黄金，轻轻放在桌上，恭敬地说道："恩师驾临治所，学生深感荣幸。一直以来恩师的知遇之恩，学生无以为报，特地略备了一点薄礼，还望恩师收下。"杨震满怀遗憾地说："我正是了解你的才学，欣赏你，才举荐你出来为官，也相信你能够做一个廉洁奉公、为民做主的好官。我了解你，你怎么就不了解我呢？"王密根本不了解杨震的品节，说了句："恩师啊，现在三更半夜，没人知道！"杨震听了以后，声色俱厉地批评王密说："你这是什么话啊？这一件事天知、地知、我知、你知，怎么叫没人知道呢？而且人做的每一件事情天知、地知和我们自己的良心都知道！我们不应该时时戒惧谨慎吗？"王密一听，顿感羞愧难当！连连向恩师赔罪，像做了贼一样赶紧离开了杨震的住处。

十九、悬鱼太守

羊续，东汉名臣，曾任扬州庐江郡太守、南阳郡太守。南阳是富庶之地，富豪权贵云集而生活奢靡，羊续十分不满，刻意与他们保持距离，对他们所赠送的礼物一概拒收。

据《后汉书·羊续传》记载，羊续生活极其俭朴，常穿粗布衣服，一日三餐也非常简单。他手下一位府丞得知羊续生活清苦，又没什么喜好，唯独喜欢吃鱼，就特地让人打捞了一条名贵的鲜活大鱼亲自送到了羊续府上。羊续知道这是府丞的一番好意，拒绝了显得太不讲情面，可一旦收下又担心府丞以后再送，更担心其他官员纷纷效仿。于是，羊续灵机一动，很客气地将鱼收下了。羊续既没吃也没送人，而是将它挂在了庭院当中。不久，那位府丞又给他送鱼来，羊续就指着挂在庭院中的那条生鱼说："上次你送的鱼还在这，我尚未吃呢，怎好再收？要不你一起带回去吧。"府丞一听便明白了羊续的意思，十分敬佩地向羊续作了个揖，惭愧地走了。庭中的鱼变成了干鱼，羊续也将它一直悬挂在那里。此事传开，世人皆知羊续拒绝收礼的决心，郡中官吏也十分震惊。从此，再也没人敢送礼了。

府丞献生鱼，羊续悬之于庭以拒之，留下悬鱼拒贿的佳话，故有"悬鱼太守"之美称，后世有"前庭悬鱼""羊续悬鱼""挂府丞鱼"等成语传世。

二十、羊续拒妻

羊续一直独自一人在外为官，妻儿一直在老家过着俭朴的生活。据《后汉书·羊续传》记载，有一天，羊续的妻子与儿子羊秘突然来到了南阳郡太守府，门卫通报后，羊续却闭门不见，并传令让他们赶快回老家去。妻子对此十分气愤，不顾当差的阻拦，硬是带着儿子羊秘闯进了太守府中羊续的住所。羊续看了一眼风尘仆仆、面黄肌瘦的妻儿，心里十分酸楚，一言未发，只是请他们看了一下自己的住所。那房子又小又破，家徒四壁，只有被子、破旧的贴身短布衣、一点食盐和几斗麦子。妻子和羊秘看后，非常吃惊，眼中禁不住泛出泪花。羊续对儿子羊秘说："这就是我的全部家当，虽不富足，但也不必像流民那样流离失所；虽能自足，但实在无法养活你和你母亲。我作为南阳太守，有责任让老百姓衣食无忧，造福一方，你们自然也会过得安稳，你和你母亲还是回老家去吧。"

羊续的妻子和儿子见此境况，只好默默地返回了老家。

二十一、一钱太守仁爱惠民

东汉刘宠，西汉齐悼惠王刘肥之后。年轻时随父亲刘丕学习，因通晓经学被举荐为孝廉，授任东平陵县令，因仁爱惠民而受到民众爱戴。之后相继担任豫章、会稽太守。

据《后汉书·刘宠传》记载，刘宠在任会稽郡（今浙江绍兴市）太守时，操守廉正，去除扰民措施，废除苛捐杂税，监察非法活动，会稽郡很太平，朝廷调他为将作大匠（职掌宫室、宗庙、陵寝等土木营建之官）。离任前，从会稽郡山阴县若耶山谷间来了五六位鬓发斑白的老人，各带了一百文钱（即一百个铜板），想送给他，可刘宠不肯接受。老人们流着泪对刘宠说："我们是山谷小民，见识少，不曾认识郡太守与朝廷要员。别的郡太守治理时，屡屡扰民，夜晚也不放过，有时狗竟然整夜叫吠不止，百姓不得安宁。可自从您上任以来，夜晚听不见狗叫声，官吏也不抓捕老百姓了。我们难得遇到太平盛世，听说您要离任了，所以奉送这点儿小钱，聊表心意。"刘宠说："我的政绩远远不及几位老者说的那样好，倒是辛苦你们了！"老人们恭敬地用手捧着钱，一定要他收下。盛情难却，刘宠只好收下几位老人各一文钱，老人们才称谢作别。

出了山阴县界，刘宠就把钱投到了江里。后人传说，这段江水自从刘宠投钱后，就更为清澈了，便将这条江改名为"钱清江"，还建了"一钱亭""一钱太守庙"。从此，"一钱太守"的美称便在当地传开了。至今，"一钱亭"楹柱上镌刻着"功在一方，黎民感恩赠百吊；利归百姓，太守留念取一钱"的对联，表达了后人对刘宠的怀念。

二十二、孔融让梨

东汉末年文学家孔融，一共有兄弟七人。孔融四岁的时候，和几位哥哥一起吃梨，总是挑最小的吃。大人们都不理解，问他："孔融，你为什么总是选小的呢？是因为你喜欢吃小的梨吗？"孔融回答说："当然不是。因为我年纪小啊，应该将大梨给比我大的哥哥们吃。"大人们听了感动很惊奇，又问："那弟弟比你小啊，你为什么给弟弟的梨也比你的大啊？"孔融说："就是因为弟弟比我小，所以我应该把大的让给他啊。"大人们听了无不感到欣慰。

二十三、陶母责子

陶侃，东晋时期名将。初为县吏，渐至郡守，精勤吏职。在他治理下，百姓家给人足，路不拾遗。陶侃的母亲被称为历史上的母范之正，注意培养儿子廉洁奉公的好品质。陶侃后来担任荆江二州刺史，都督八州军事，为人称道，很大程度上得益于陶母的教育。

陶侃年轻的时候做过管理渔业的小官。有一次，他吃到自己官府中腌制的一种咸鱼，觉得很好吃，就找来身边的差役，让他给陶母送去一坛。陶侃的母亲打开坛子，看到儿子送来的鱼，很高兴。但她略作沉思，问送鱼的差役说："你们陶大人送我的这坛鱼是从哪里得来的？"差役回答说："这是我们官府里库存的。"陶侃的母亲听到后，收起了脸上的笑容，将送来的这坛子腌鱼认认真真密封好，并将它交给送鱼的差役说："你帮我把这坛子腌鱼送回官府库房，并替我捎一封信给我儿子。"

差役回到府衙，陶侃打开母亲的信，信中责备陶侃说："你身为一名官吏，竟然用公家的财物作为孝敬我的礼物，你这样做对我不仅没有任何好处，而且还会让我十分忧虑！"陶侃看后十分愧疚，此后常常以母亲的这番责备来劝勉自己。

二十四、陶侃惜谷

据《晋书·陶侃传》记载，陶侃在地方为官的时候，有一次外出视察，看见一个人正拿着一把还没成熟的水稻穗。

陶侃命令手下拦住他，问他："你拿这些没熟的水稻干什么？"

那人随口回了一句："我家不种地，走在路上看到别人家田里的稻子，一时心血来潮，随便抓了一把，拿来玩玩儿罢了。"

陶侃一听，顿时火冒三丈："你这个家伙自己不种田，竟然还随意糟蹋别人的庄稼！"陶侃命人把那人抓起来当众鞭打了一顿，以示惩戒。

老百姓们听说了这件事后，都勤勤恳恳地种田，生活逐渐变得宽裕，家家丰衣足食。

二十五、吕僧珍做官无私

吕僧珍，南北朝时期南梁开国功臣。为官清廉耿直，秉公执法。吕僧珍对朝廷立有大功，他上表请求回乡拜祭先祖的时候，皇帝想让他荣归故里，便让他回到故乡任高官。

据《梁书》记载，吕僧珍有个侄子，平日里以贩卖大葱谋生。吕僧珍一回到故乡，他的侄子就跑来找他，想放弃自己贩葱的工作，在州里做个官。吕僧珍对侄子说："我承担着国家给予我的重大使命，唯有尽力报效国家。你本来就有正当的本职工作，怎么可以谋求自己不该得的工作呢？"说完，便命令侄子赶回葱店干活去了。

吕僧珍在老家的房屋很小，他荣归故里后，家人都希望能扩建一下房子。他家的后面和左右都是民宅很难再外扩，前面就是督邮官署，乡里人都劝他："迁个督邮的官署，就是您一句话的事，把它一迁，房子就可以扩建成很大的。"吕僧珍愤怒地说："督邮官署，那是官府的房子，自从建造以来就一直在这里，我怎么可以为了扩建自己家的房子去迁走官府的房子呢？"

二十六、李士谦乐善好施

李士谦，因孝顺母亲而闻名，曾经做过北魏广平王拓跋赞的参军。

据《隋书》记载，李士谦因继承了祖上大笔遗产而家境富裕，但其生活十分节俭，穿布衣旧衫，吃粗茶淡饭，常常以救济缺衣少食的穷人为急务。家乡有无力办丧事的人家，士谦就赶过去解决难题。有兄弟间分财产不均，以至互相诉讼的，士谦听说后，就拿出自己的财产补给分得少的，使他和分得多的相等，兄弟万分惭愧，相互推让，最终也成了善人。有一次，别人家的牛闯进他家田里，士谦就把它牵到阴凉处饲养，比牛的主人饲养得还好。望见有人偷割他家的庄稼，他就不出声地躲开。他家的仆人曾捉住偷他家庄稼的人，士谦安慰那人说："穷困使你这样，没有理由责怪你。"叫人马上将其放了。

有一年，李士谦拿出几千石粮食借贷给乡亲渡过春荒，但正赶上当年粮食收成不好，借贷人家无法偿还，纷纷前来表达歉意。士谦说："我家的余粮，本来就是打算救济用的，哪里是为求利的呢！"于是叫来所有的欠粮户，为他们摆设酒食，当着大家的面烧了借契。第二年粮食大丰收，借债人家争着来偿还，士谦一一拒绝了。到了春天，又拿出粮种，分给贫穷人家播种。没过几年，当地又闹灾荒，饿殍遍野，李士谦竭尽家中所有，在门外搭起帐篷，垒起锅灶施粥，挽救了无数人的生命。

隋开皇八年（588），李士谦在家乡病逝，乡民们痛哭流涕，前去送葬者数以万计。为表达对李士谦的感恩之情，不少人送葬时给他家送去很多东西，李士谦的妻子一概拒收，并对父老乡亲们说："士谦一生乐善好施，我们怎么能违背他的意愿呢？"

二十七、李勣焚须

李勣（jì），一生历事唐高祖、唐太宗、唐高宗三朝，出将入相，深得朝廷信任。李勣虽然官职很高，地位尊贵，但每当他的姐姐生病，他都要亲自侍奉。他的姐姐特别喜欢喝李勣熬的粥，所以，每当姐姐生病，李勣都要亲自烧火熬粥。

有一次，李勣的姐姐卧病在床，李勣又亲自下厨熬粥，李勣低头看锅底的火燃烧得怎么样时，突然火苗蹿了上来，李勣的胡须被蹿出来的火苗引燃，发出噼里啪啦的声音。李勣赶紧用手把火扑灭，将近一半的胡子被烧掉了。李勣顾不得胡子，先把粥熬好，给姐姐端了过去。李勣的姐姐看着李勣被烧得只剩一半的胡子，问明缘由后，心疼地帮着李勣整理被烧得有点卷起的胡须说："家里的仆人这么多，你事务又那么繁忙，何必吃这份苦给我熬粥啊？"李勣边给姐姐吹着勺里的热粥边回答说："家里的仆人确实很多，只是姐姐年纪大了，我自己也老了，现在也做不了什么了，只希望自己能一直给姐姐熬粥喝！"

二十八、不卖劣马

陈省华，北宋政治家，官至谏议大夫，故称陈谏议。其长子陈尧叟是端拱二年（989）状元，次子陈尧佐是端拱元年（988）进士，三子陈尧咨是咸平三年（1000）状元，世称"三陈"，父子四人皆为进士，故称"一门四进士"。

据《宋名臣言行录》记载，陈省华家里有一匹令人头痛的劣马。这匹马性情非常暴躁，根本不让人驾驭，曾经踢伤和咬伤过多人。有一天，陈省华来到马棚，发现这匹劣马不见了，于是就询问管理马匹的仆人："那匹劣马怎么不见了？"仆人很高兴地告诉他说："您的三儿子陈尧咨已经把马卖给了一位商人。"陈省华一听，急忙让人召来陈尧咨。陈省华向儿子询问起那匹劣马，陈尧咨略显得意地说："那匹马实在顽劣无用，又不忍杀它。今天早晨，有一位买马的商人路过，我就招呼他来看看，他竟然愿意买下这样一匹劣马，我便低价将它卖给了这位商人。父亲以后就不必为这头顽劣的畜生费心了。"陈省华不但没有高兴，反而火冒三丈，训斥陈尧咨说："你身为朝中大臣，咱家这么多人，都没有人能驯服得了这匹马，那位买马的商人又怎么会养得了它呢？不管这位商人是把这匹马转卖给他人，还是栽在自己手里，你这都是在把祸害转嫁给别人啊！"陈尧咨脸有愧色，连连认错，并听从父亲的命令，赶紧找人追上那位买马的商人，将马牵回，并把卖马的钱如数退还。陈省华告诫管理马匹的仆人，一定要将这匹劣马养到老死，不得再卖给他人。听闻此事，时人盛赞陈省华有古仁人之遗风。

二十九、程门立雪

杨时，宋代著名的大学问家。杨时小的时候非常聪颖，很善于写文章。年纪稍大一点以后，他就开始专心研究经史书籍。

据《宋史·杨时传》记载，宋熙宁九年（1076），杨时进士及第。正当此时，理学大师程颢和程颐兄弟二人正在讲授孔子和孟子的思想精要。河南洛阳等地的学者纷纷前往拜他们为师。杨时没有接受朝廷的调任做官，而是赶往河南颍昌拜程颢为师。杨时与程颢相处得非常好，师生情谊深厚。杨时辞别程颢回家的时候，程颢远远地目送杨时，欣慰地说："我的学术思想要传到南方去了。"

几年以后，程颢去世。杨时得知后十分悲痛，在家中设立了程颢的灵位哭祭，又写书信告诉曾经共同跟从程颢学习的同学。

1093年，杨时赶往河南洛阳与同学游酢一起拜见程颐。这时杨时和游酢均已年满四十且在朝任官。一个冬日的中午，二人一同前去拜见程颐，恰遇程颐正在家中午睡。杨时与游酢为避免打扰老师休息，就站在门外静候老师醒来。他们正在等候的时候，外面开始飘起了大雪，杨时与游酢依然未敢进屋。在寒风中，任雪花飘落全身。等到程颐午睡醒来之时，门外的雪已经积了一尺多深。望眼窗外，杨时与游酢满身是雪，依然恭敬地伫立雪中，神色泰然。

三十、我心有主

许衡，金末元初理学家、教育家，倡导儒学，深谙修齐治平之道，严于律己。

一个盛夏的中午，许衡与几位朋友路过河阳，由于行走路途遥远，饮水用尽，天气炎热，所以大家都十分干渴。正在众人口渴难忍的时候，忽然看到路边有一棵梨树，硕果累累。大家一哄而上，争先恐后地去摘梨吃，唯独许衡端坐在树下，神色如常。同行的朋友将一个梨递给许衡，许衡摆了摆手。朋友好奇，问他为什么不吃，许衡说："这梨不是我的，我当然不可以拿来吃。"那人劝他说："现在世道这么混乱，这棵梨树肯定是没有主人了，您就不必介意了。"许衡说："虽然这棵梨树没有主人，可是，我的心是有主人的！别人丢失的东西，即便是一丝一毫不合乎道义，我也不能接受。"在许衡和他的家人感化下，他们生活的地方民风淳朴。乡内的一个庭院里有一棵无主的果树，这棵果树的果子即使成熟掉落到地上，也不会有人去拣。即便是小孩经过熟透落地的果子旁边，也会目视前方，坦然而过。

三十一、桐城六尺巷

张英，康熙六年进士，官至文华殿大学士兼礼部尚书。

张英老家桐城的老宅与吴宅为邻。两家府邸之间有个空地。有一年，吴家建房要占用这块空地，张英老宅的家人不服，双方发生了纠纷，互不相让，官司打到了县衙门。因为张吴两家都是名门望族，县官左右为难，迟迟不能决断。张英家人见有理难争，就写信向张英告知此事，想让他给家人做主。张英看完家书后，并不赞成家人为争夺地界而惊动官府，便提笔在家书上批诗四句："千里家书只为墙，让他三尺又何妨？长城万里今犹在，不见当年秦始皇。"张家接到书信后，豁然开朗，也深感愧疚，便毫不迟疑地让出了三尺宅地。吴家深为张英"宰相肚里能撑船"的大度所感动，于是也效仿张家退让了三尺宅地，便形成了一条六尺宽的巷道，被乡里人称为"六尺巷"。

两百多年来，张吴两家礼让之举和张家不仗势欺人的做法，一直传为美谈。如今，桐城六尺巷依然存在，全长100米、宽2米、东边所立"礼让"石牌坊，西边所立"懿德流芳"石牌坊，诠释了这条窄巷的宽度和短巷的长度。

三十二、板桥开仓济民

郑板桥，清朝官员、学者、书法家。"扬州八怪"之一。其诗、书、画均旷世独立，世称"三绝"。

郑板桥在潍县上任时，恰逢"岁荒"，百姓饥饿难耐，据史书记载，饥荒严重程度已到"人相食"的地步。而莱州府向上汇报的时候，只按小灾上报，因此便按小灾自行调整处理。迫不得已，郑板桥开官仓放粮赈济灾民，有人阻止。郑板桥说："都到什么时候了，要是向上申报，辗转往复，百姓怎么活命？要是上边降罪，由我一人承担！"于是开官仓赈济灾民，一万多人得以活命。为解燃眉之急，郑板桥主动拿出自己一年的"养廉银"千两之多，代交赋税，救民于水火。面对连年受灾歉收，郑板桥劝说城里的富裕人家，打开粮仓煮粥救济饥民，使饥民轮流得以饮食；对囤积居奇的粮商全部查封，责令他们平价出售粮食；遇有诉讼事件，则维护穷弱者的利益而抑制富商；同时招募远近受灾的饥民，修整受损房屋，开凿河道，灾民得以"以工代赈"就食，又确保了灾民的长远利益。

"衙斋卧听萧萧竹，疑是民间疾苦声。些小吾曹州县吏，一枝一叶总关情。"从郑板桥的诗文中能看到身为地方官的他同情黎民的高尚品格。郑板桥勤政爱民，任内做到"不留牍，无怨民"，"囹圄囚空者数次"；清正廉明，"一肩明月，两袖清风"。离任之时，潍县城内万人空巷，百姓沿路相送，表达对他由衷的爱戴。

后　记

　　加强中华优秀传统文化教育，是构建中华优秀传统文化传承体系，推动文化传承创新的重要途径。当今世界，文化在综合国力竞争中的地位和作用更加凸显，越来越成为民族凝聚力和创造力的重要源泉，博大精深的中华优秀传统文化是我们在世界文化的激荡中站稳脚跟的根基。党的十八大以来，习近平总书记在一系列讲话中深刻阐述了中华优秀传统文化在中华民族发展中的重大历史作用、深刻内涵和深远影响。加强中华优秀传统文化教育，是一项长期而艰巨的重大历史任务，在广大青少年中加强中华优秀传统文化教育，更加具有长远的战略意义和重要的时代意义。青少年学生是祖国的未来、民族的希望，加强对青少年学生的中华优秀传统文化教育，对于培养中华优秀传统文化的继承者和弘扬者，推动文化传承创新，建设社会主义先进文化，推进社会主义核心价值观建设具有凝魂聚气、强基固本的重要作用。

中华优秀传统文化是中华民族语言习惯、文化传统、思想观念、情感认同的集中体现，凝聚着中华民族普遍认同和广泛接受的道德规范、思想品格和价值取向，具有极为丰富的思想内涵，凝聚着中华民族自强不息的精神追求和历久弥新的精神财富，是发展社会主义先进文化的深厚基础，建设中华民族共有精神家园的重要支撑，凝聚了千百年来中华民族的生活经验、生存智慧，融入了中华民族的血脉，包含着中华民族最强大的精神基因。习近平总书记指出："要认真汲取中华优秀传统文化的思想精华和道德精髓，大力弘扬以爱国主义为核心的民族精神和以改革创新为核心的时代精神，深入挖掘和阐发中华优秀传统文化讲仁爱、重民本、守诚信、崇正义、尚和合、求大同的时代价值，使中华优秀文化成为涵养社会主义核心价值观的重要源泉。"加强对青少年学生的中华优秀传统文化教育，要以弘扬爱国主义精神为核心，以家国情怀教育、社会关爱教育和人格修养教育为重点，着力完善青少年学生的道德品质，培育理想人格，提升政治素养。

《中华优秀传统文化教育读本》是我主持的中宣部文化名家暨"四个一批"人才自主选题资助项目"中华优秀传统文化教育研究"课题的研究成果，本课题于2014年批准立项，我任课题主持人，课题组先后在北京、山东曲阜孔子诞生地尼山、浙江杭州、陕西延安召开中华优秀传统文化学术交流会，邀请知名专家、教授深入开展中华优秀传统文化教育研究，为中华优秀传统文化教育提供理论和学术研究支撑，组织编写中华优秀传统文化教育读本。开展中华优秀传统文化教育研究的主要内容，重点围绕习近平总书记提出的"讲仁爱、重民本、守诚信、崇正义、尚和合、求大同"展开阐述研究。《中华优秀传统文化教育读本》内容包括仁爱、民本、诚信、正义、和合、大同六大方面,由我任总主编,各分册主编分别为:《仁爱:中华文化的核心力量》由韩星教授主编;《民本:中华文化的价值追求》由高伟教授主编;《诚信:中华文化的做人准则》由党怀兴教授主编;《正义:中华文化的道德原则》由雷原教授主编,赵易参加编写;《和合:中华文化的独特品质》由王永智教授主编;《大同:中华文化的社会理想》由于建福教授主编,于伟参加编写。

《中华优秀传统文化教育读本》分为三部分编写。第一部分:理论概述。从理论和学术角度,深入开展中华优秀传统文化教育研究,为中华优秀传统文化教育提供理论基础和学理支撑。第二部分:经典选编。从历代中华优秀传统文化典籍中精选名篇,按照经典简介、作者简介、选文、注释、翻译、解读等方面内容编写。第三部分:经典故事。从历代中华优秀传统文化典籍中精选经典故事,用讲故事的方式,普及中华优秀传统文化。因此,本系列读本既是中华优秀传统文化教育的理论学术研究成果,也是中华优秀传统文化教育的普及读本,为全国大中小学学生、教师和党政机关、企事业单位干部学习中华优秀传统文化提供的重要学习读物,也是在全国中小学教师中开展中华优秀传统文化教育培训,提高各级各类学校教师开展中华优秀传统文化教育能力的培训教材。

本课题在立项研究过程中得到中宣部文化名家暨"四个一批"人才自主选题资助项目的指导和帮助。在课题研究和系列读本的编写过程中，中宣部、教育部有关部门给予了大力支持和指导；北京大学、清华大学、中国人民大学、北京师范大学、陕西师范大学、西北大学、江苏师范大学、中国社会科学院、国家教育行政学院、北京汤用彤书院等院校的专家、教授参与研究和编写读本，在此一并致谢！这里，我还要特别感谢著名文化教育大家张岂之先生、楼宇烈先生，在著事繁忙中拨冗欣然为本系列读本作序推荐。这里，我还要特别感谢中国大百科全书出版社对本系列读本出版的大力支持和帮助，感谢刘国辉社长的高度重视，感谢编辑们的悉心编辑和付出的心血！由于水平有限，本系列读本在编写过程中还有不足，恳请各位专家和读者不吝指教！

翟　博

2020年1月